발로 찾은 도시재생 아이디어

도시 상상 노트

발로 찾은 도시재생 아이디어

도시 상상 노트

펴낸날 2018년 3월 10일
글·사진 제종길
그림 이호중

펴낸이 조영권
만든이 노인향, 김영하
꾸민이 토가디자인

펴낸곳 자연과생태
주소 서울 마포구 신수로 25-32, 101(구수동)
전화 02) 701-7345~6 **팩스** 02) 701-7347
홈페이지 www.econature.co.kr
등록 제2007-000217호

ISBN : 978-89-97429-89-9 03330

발 로 찾 은

도 시 재 생

아 이 디 어

도시
상상
노트

글·사진 **제종길**
그림 **이호중**

자연과생태

발로 찾은 도시재생 아이디어

다른 나라를 다녀올 때마다 배울 점을 적어 놓는다. 대자연이나 큰 도시보다는 주로 작은 방문지에 대한 기록들이다. 런던이나 로테르담[1]처럼 오랜 역사를 바탕으로 변화를 추구하는 유럽 도시에서도 배울 점이 많지만 미국처럼 새로운 변신을 거듭하는 나라의 도시도 주목할 만하다. 기나긴 도시 발전 역사에서 보면 백 년은 그리 오랜 시간이 아니지만 오히려 그렇기에 미국이 세계 정치, 경제, 사회, 문화를 선도하는 이유를 찾고 싶은 욕심도 있었다.

우리나라 대부분 도시는 한국 전쟁이 끝난 다음, 경제 여건이 좋지 않고 도시계획 경험도 거의 없는 상황에서 동시다발로 급히 재건되거나 조성된 탓에 여러 측면에서 허술한 점이 많다. 이는 건축물의 내구성이나 도시환경 부분에서 심각한 문제로 야기되기도 한다. 현재 계획도시로 건설된 지 얼마 되지 않은 안산을 비롯한 신도시들에서도 쇠퇴 현상이 나타나고 있다.

상황이 이렇다 보니 도시재생은 도시 지도자에게 숙명 같은 주제이다. 그러나 도시들이 같은 문제를 안고 있기에 재생 또한 모두 같은 시기에 추진해야 한다는 점과 도시재생과 관련해 축적된 지식과 경험이 너무 적다는 점에서 어려운 과제이기도 하다. 그러므로 다른 나라 도시는 어떤 모습인지 살펴보는 일도 도시재생을 공부하는 방법이라고 생각해 왔다.

---

1   최경호 번역(2017) 『로테르담에서의 도시정비 30년사, 도시재생의 맥락(Changing Contexts in Urban Regeneration: 30 Years of Modernization in Rotterdam / Paul Stouten)』, 창조적 도시재생 시리즈 72, 국토연구원, 369쪽에서 참고함.

두 차례 미국을 방문한 경험을 이 책에 담았다. 처음에는 캘리포니아 주 샌프란시스코에서부터 로스앤젤레스까지 서해안을 따라서, 두 번째는 플로리다 주 템파와 뉴욕을 여행했다. 도시재생과 관련 없는 다른 목적으로 떠난 여행이었지만 짬짬이 각 도시의 도시재생 지역이나 사업을 찾아 탐방하고 어떻게 하면 우리나라에서도 도시 정체성과 회복력을 살리며 재생사업을 진행할 수 있을지 정리했다.

아무래도 아주 짧은 시간 살펴봤기에 각 도시의 구체적인 계획 방향이나 철학까지는 접근하지 못했고, 필자의 주관적인 관점으로 미국과 우리나라 상황을 비교했다는 점에서 한계도 분명히 있다. 그렇지만 시민이 즐기고 자부심을 느끼는 도시, 수백 년을 견디는 체계를 갖춘 도시를 꿈꾸며 발로 뛰어 보았다. 도시재생 정책을 수행하는 공직자와 민간단체 지도자 그리고 정치인과 시민에게 좋은 정보가 되기를 바란다.

끝으로 무더운 여름에 원고를 꼼꼼히 수정해 준 조충현 선생과 책 방향에 대해 조언해 주고 삽화까지 그려 준 건축가 이호중 교수 그리고 난삽한 원고를 책답게 만들어 준 〈자연과생태〉 조영권 대표와 노인향, 김영하 편집자에게 깊이 감사한다.

2018년 3월
제종길

내가 처음 제종길 시장을 만난 것은 20여 년 전이다. 나는 환경운동가로, 제종길 시장은 해양 생태학자로 우리나라 갯벌 보존 운동을 함께 시작하면서 인연을 맺었다.

제종길 시장은 갯벌을 매립 대상이 아니라 육지의 오염 물질을 정화시켜주고 해양 생물의 서식지로서 역할을 하는 엄청난 자연 자원임을 알리는 데 큰 역할을 해 왔다. 또한 전문지식을 가지고 더 큰 세계로 확산시킬 수 있는 환경운동을 하면서 '환경도 살리고 경제를 살리자'라는 비전을 제시해 왔다. 이러한 비전을 실현시키고자 국회에 진출했고 의정 활동을 통해서 '미스터 클린'이라는 별명도 얻었다. 그 후 바다를 비롯한 자연이 아름다운 안산에서 시장으로 당선되었고 새로운 도시 모델을 만들기 시작했다. 그 모델은 착착 진행되고 있다. 서울 광화문 거리보다 더욱 멋진 안산 시청 거리는 숲이 조성된 거리다. 가을 단풍 길은 너무나 멋지다. 덕분에 안산은 걷고 즐기는 도시가 되었다.

제종길 시장은 현장을 중시하고 행동하는 시장이다. 그리고 현장에서 경험한 것을 시정에 반영한다. 제종길 시장이 쓴 『도시견문록』이 해양생태학자로서 에코시티의 미래를 구상한 것이었다면 이 책은 현직 시장으로서 도시재생을 생각하며 미국 곳곳을 살펴본 이야기다.

특히 4차 산업혁명의 본산 실리콘밸리를 걸으며 안산을 제2의 실리콘밸리로 만들겠다는 구상이 너무나 흥미진진하다. 제종길 시장은 환경재단에서 주최한 4차 산업혁명 리더십 과정도 수료한, 미래를 예측하고 실행해 나가는 훌륭한 행정가이다.

미국은 창업자의 52%가 이민자이다. 안산은 전 세계 90여 개국이 넘는 나라에서 온 근로자가 일하는 도시이다. 또한 예술 대학이 있는 곳이자 단원 김홍도를 배출한 문화 도시이다.

21세기 4차 산업혁명은 융합에서 시작된다. 안산은 기업 도시이고, 바다를 낀 해양생태 도시이자 자연이 아름다운 숲의 도시이며, 문화 도시이다. 이러한 점에서 안산은 혁신적이며 자유롭게 새로운 것을 만들 수 있는 여건이 잘 갖춰진 도시임을 알 수 있다.

이처럼 안산은 창조적인 도시로 거듭날 수 있는 조건을 갖추었기에 제종길 시장은 미국 실리콘밸리의 중심인 샌프란시스코에서부터 로스앤젤레스까지 서해안 그리고 뉴욕에서 많은 것을 보고 구상해 왔다.

이제 이 책을 통해 안산시가 한국의 실리콘밸리로 거듭날 것이다. 침착한 걸음으로 시정을 가족처럼 돌보는 알뜰하고 학구적인 제종길 시장이 그 중심에서 시민과 함께할 것이다. 제종길 시장이 쓴 『도시 상상 노트』는 도시재생의 시대를 살아가는 사람들에게 꼭 전하고 싶은 책이다.

2018년 3월
최열 환경재단 이사장

차례

San Francisco

샌
프
란
시
스
코

주
변

예쁜 바닷가 마을

소살리토

다른 나라 어느 도시를 가도 인근에 예술인 마을이나 문화 거리가 있는지를 묻곤 한다. 샌프란시스코에서도 마찬가지로 현지인에게 물어보니 소살리토(Sausalito)에 가 보라고 했다. 소살리토는 작은 박물관과 전시관, 맛있는 식당이 많고 특히 거리가 예쁘기로 유명하다.

101번 국도를 따라 금문교를 건넌 다음에 가파른 내리막길을 내려가면 크게 만입한 내만이 있다. 그러니까 샌프란시스코 만 북서쪽에 딸린 만이 있는 곳이 소살리토다. 이 예쁜 동네는 금문교 건설 이전에는 북쪽에서 만으로 접근하는 자동차와 페리의 종착역이었다. 시내에서 보면 바다 건너편에 있어 어떤 사람들은 이곳을 섬이라고 하지만 섬은 아니다.

처음 이 해안에 정착한 사람들은 포르투갈과 이탈리아 출신 어민들이다. 그래서인지 소살리토는 샌프란시스코 어떤 곳과도 풍광과 정서가 다르다. 150년 전 쯤에는 이곳에 요트항이 생겼고, 2차 세계대전 당시에는 조선업으로 도시가 급성장했다. 전쟁이 끝난 다음에는 예술가 거주지, 남유럽풍 별장지대, 아름다운 해변에 어울리는 상점가로 명성을 얻으면서 해마다 100만 명 이상이 찾고, 성수기인 여름에는 숙소를 구하기 어려울 정도인 관광지로 발전했다. 소살리토가 관광지로서 유명해진 데에는 주거용 보트 공동체에서 생활하는 다양한 예술가 그룹의 공이 컸다. 예술가들의 활동 덕분에 소살리토는 다채로운 색조와 개성으로 가득하다. 예술가 공동체는 여전히 활발하다.

금문교를 지나 가파른 언덕에 서면 소살리토 풍경이 한눈에 내려다 보인다. 아름다운 해변, 산언덕을 허물지 않고 높지 않게 지은 주택과 숲의 조화가 감탄을 자아낸다. 숲 속에 있는 집도 마치 자연의 일부처럼 여겨진다. 넓지 않은 해안도로도 직선으로 내지 않고 곡선인 해안 지형을 그대로 따라 만들었다. 상상 속에서나 그려 볼 법한 풍광은 언덕 아래로 내려갈수록 점차 현실로 다가온다.

다양한 교통수단으로 소살리토를 방문할 수 있다. 샌프란시스코 시티투어버스도 그중 하나다. 소살리토는 자전거 여행객에게도 인기가 있다.

닮은 가게가 하나도 없을 정도로 가게마다 개성이 넘친다.

해변 건물이 바다와 잘 어울린다.

마을로 들어서면 도로 양쪽으로 늘어선 수많은 가게가 보인다. 신기하게도 모든 가게가 마치 작은 전시관이나 박물관처럼 보인다. 물론 실제로 미술 작품을 파는 박물관 겸 전시관도 있고 특별한 소품만 전시하는 가게도 있다. 식당을 겸하면서 주방용품을 파는 가게도 있다. 헌책이나 중고 장식품을 파는 가게도 있는 한편 일반인은 엄두도 내지 못할 만큼 값비싼 보석을 파는 곳도 있다. 가게 종류가 워낙 다양하다 보니 어느 누가 와도 자기 취향에 맞는 가게를 찾을 수 있을 것 같다.

가게마다 상품 배열, 색상 연출을 잘 해 놓아서 마치 가게 자체가 전시물이나 아틀리에처럼 보이고, 가게 안에 들어서자마자 동화 나라에 온 듯한 착각이 일기도 한다. 아이스크림이나 간단한 음식을 파는 가게일지라도 종업원 복장이나 식탁 장식을 보면 마치 영화 속 한 장면 같다. 이처럼 주제가 다른 수많은 가게가 모여 있는데도 거리는 어수선하지 않다. 가게마다 깨끗한 거리에 어울리게끔 간판을 꾸며 놓아서 그런 듯하다. 하루 종일 이 거리만 걸어도 지루하지 않을 듯하니 왜 사람들이 이곳을 문화 거리라고 하는지 이해가 된다.

화려하지는 않지만 깔끔하고 자유로운 분위기가 관광객을 편하게 한다.

좋은 관광지라면 걷기에 지친 방문객에게 필요한 그늘과 벤치
그리고 주전부리를 파는 곳이 꼭 있어야 한다.

거리 광고판이나 상점 내부를 들여다보면 큰 것에서부터 작은 것까지
세심하게 신경 썼다는 것을 알 수 있다.

바다 쪽에는 식당이 즐비하다. 바다 풍경을 바라보며 지역 해산물로 만든 요리와 포도주를 즐기거나 차 한 잔을 마시기에 아주 좋다. 또한 바다 건너로 샌프란시스코 스카이라인이 보여 산책하거나 자전거를 타며 여행하기에도 좋다. 바닷가 한편에는 요트 정박장도 있다. 소살리토는 내만 안쪽에 있기 때문에 언뜻 강 하류로 보일 수도 있는데 마리나 시설이 있어 바다로 나갈 수 있는 곳임을 알 수 있다. 요트를 비롯한 각종 선박, 요트클럽 하우스나 관광 안내소도 여러 가게처럼 마을 분위기를 해치지 않는 색과 모양으로 디자인되었다.

소살리토에는 짧은 일정으로 단체 관광을 온 사람보다는 여유 있게 관광하는 사람이 더 많아 보인다. 대개 느긋하게 걸으며 거리를 구경하거나 식당에서 한가롭게 대화를 나눈다. 도시 생활에서 받은 스트레스는 잠시 잊고 이곳에서 그야말로 힐링하며 시간을 보내는 듯하다. 아마 이는 자연 식생과 지형 훼손을 최소로 하고, 개성 있으면서도 소박한 가게와 고급 상점을 잘 어울리게끔 마을을 구성했기 때문이리라. 그리고 소살리토가 이런 마을로 거듭날 수 있었던 데는 주민들의 부단한 노력이 있었으리라 본다. 그렇기에 소살리토를 멋진 상점가나 예술마을 모델로 삼기에 손색이 없을 듯하다.

거리 식탁에서도 자유로움과 편안함을 느낄 수 있다.

식품 가게도 잘 정리된 전시장 같다.

바다에서 본 소살리토. 숲과 집이 조화를 이루어 멋진 경관을 연출한다.

소살리토에서 바닷가 마을을 생각하다

우리나라에도 소살리토 해안과 닮은 곳이 여럿 있다. 도심과 그리 멀지 않은 바닷가 마을이나 금문교처럼 크지는 않지만 다리나 방조제 건너에 있는 마을이 그렇다. 그러나 마을을 구성하는 내용이나 분위기 면에서는 소살리토와 엄청난 차이가 난다. 소살리토에 있는 가게는 인근 주택이나 숲, 바다와 잘 어우러진다. 반면 우리나라 바닷가 마을에 있는 상점가는 대체로 가게 모양이나 색깔이 주변과 조화를 이루지 못해 어수선하다.

물론 이런 모습이 과거에는 나름대로 관광객에게 편안한 인상을 주어 장시간 체류나 재방문을 이끄는 요소이기도 했다. 그러나 지금은 해외여행이 활발해지면서 관광객의 취향이 아주 다양해진 시대다. 횟집이나 조개구이집, 칼국수집, 낚시용품점 또는 유행에 휩쓸린 카페나 빵집만으로는 현재 다양한 소비패턴을 따라가지 못한다. 게다가 비슷비슷한 가게끼리 손님을 끌고자 지나치게 경쟁하는 모습도 좋아 보이지 않는다. 변화를 꾀하지 않으면 특히나 앞으로 주요 소비층이 될 2030세대의 마음을 잡을 수 없다.

끊임없이 사람들이 찾는 관광지로 발전하려면 소살리토처럼 개성 있는 가게들로 거리를 구성해야 한다. 소살리토에는 수많은 가게가 있지만 대개 다른 주제로 운영하기에 가게끼리 경쟁하지 않는다. 그렇기에 우리나라처럼 눈살을 찌푸릴 만한 호객 행위도 없다. 지금 우리나라 바닷가 마을 상점가에서 나타나는 쇠퇴 현상은 기본적으로는 지역 주민 감소에 따른 것이지만 특이성 부족도 이에 큰 영향을 미쳤다. 그러므로 마을 특성을 살리면서도 관광객의 마음을 끌 만한 개성 넘치는 상점가가 필요하다.

다양한 가게와 더불어 거리 특색에 맞는 디자인도 중요하다. 예컨대 사람들의 감성

을 자극할 수 있도록 마을을 상징하는 글씨체나 이미지를 만든다. 마을 글씨체는 경기도 양평군 서종에서, 마을 이미지는 강원도 인제 용대리에서 좋은 예를 찾을 수 있다. 상점가 다양성과 디자인 문제까지 극복하면 오로지 거리를 걷고자 찾는 관광객이 늘어날 것이다.

여기에 관광객을 유치할 수 있는 다른 요소가 있으면 더 좋다. 바닷가 마을이라는 특성을 살려 요트항을 만들고 풍성한 해양레저 프로그램을 짜는 것도 방법이다. 또한 바닷가 비수기인 겨울에도 여행객이 찾을 수 있도록 박물관이나 미술관, 체험시설을 세운다면 계절에 상관없이 많은 관광객을 만족시킬 수 있다.

물론 이런 변화를 추구하려면 지역자치단체와 전문가의 지원과 참여도 필요하지만 무엇보다 지역 상인의 역할이 크다. 이 모든 변화는 마을 특성을 찾고 그에 어울리게끔 거리를 꾸미고 유지하려는 주민들의 의지에서 비롯하기 때문이다. 그렇게만 된다면 대도시와 인접한 바닷가 마을이 바다 너머에서 치열하게 살아가는 도시민의 여유로운 휴식지가 되리라 본다.

도시의 유적과 정신을
판매하다

금문교 · 프레시디오
방문객센터

금문교 방문객센터(Gate Bridge Welcome Center)는 금문교 남쪽 입구에 있다. 세계에서 가장 유명하고 아름다운 다리를 보러 온 방문객에게 이곳은 필수 코스다. 한눈에 다리 전체를 조망할 수 있을 뿐만 아니라 다리 건설 역사를 배우고 기념품도 구할 수 있기 때문이다.

금문교가 어떻게 지어졌는지, 얼마나 많은 사람이 다리 건설에 투입되었는지, 금문교 핵심 기술인 와이어는 몇 가닥이며 얼마나 꼬였는지, 금문교 설계자, 건설에 참여했던 엔지니어와 노동자는 어떤 사람들이었는지까지 금문교에 관한 모든 정보를 방문객 센터에서 파는 기념품을 비롯해 책과 비디오를 보며 알 수 있다.

게다가 금문교 모양, 건설을 둘러싼 여러 에피소드, 시시때때로 변하는 금문교 주변 경관 등을 바탕으로 한 여러 기념품은 작품이라고 해도 손색이 없을 만큼 수준이 높다. 흔한 기념품이 예술품으로 거듭나는 사례를 보면 늘 그 과정이 궁금해진다. 이런 면에서 금문교 방문객센터는 단순한 방문객센터가 아니라 마치 박물관이나 도서관처럼 느껴진다.

금문교 방문객센터를 돌아보면 지역을 잘 소개하는 책이 중요하다는 것도 알 수 있다. 책은 센터의 격조를 높이고 책을 통해 밝혀진 여러 가지 사건과 이야기가 기념품으로 재현되기 때문이다. 역사와 진실이 디자이너에게 새로운 영감을 주는 것이리라.

금문교 방문객센터에 들어서면 커다란 금문교 이미지가 먼저 눈에 들어온다.

금문교 방문객센터가 있는 곳은 최고의 전망대이자 사진 촬영 장소이다.

금문교 방문객센터는 국립공원인 샌프란시스코 프레시디오(the Presidio of San Francisco), 국립금문교여가지역(Golden Gate National Recreational Area) 일부이기도 하다. 그리고 프레시디오 공원에는 방문객센터가 하나 더 있다. 바로 프레시디오 방문객센터다.

프레시디오 방문객센터는 금문교 방문객센터에 비해 수수한 편이다. 100년이 넘은 옛 경비대 건물을 리모델링해서 옛 맛을 살렸다. 프레시디오 지역은 포대가 있던 군사기지였는데 헌신적인 한 책임자가 국립공원으로 바꾸었다. 그래서 이 센터의 주제도 국립공원과 보호지역이다. 이곳에는 미국 국립공원과 인근 크리시필드, 포대 관련 디자인 제품이 많다. 자료에 따르면 이런 상품은 수상 경력이 있는 공원관리팀이 기획한다. 기념품 종류는 두 가지다. 한 가지는 프레시디오 공원을 즐기는 데 도움이 되는 공원 탐방 도구이고, 다른 한 가지는 공원을 비롯한 자연 역사와 보전을 탐구할 수 있는 제품이다. 그래서 이곳 기념품은 방문객센터 전시와 더불어 프레시디오의 다양한 모습을 보여 주는 창구이기에 탐방객에게 인기가 많다.

금문교와 프레시디오 방문객센터는 모두 프레시디오 공원에 있지만 서로 거리도 멀고 주변 환경도 다르다. 그래서 두 센터를 동시에 들르는 방문객은 비슷한 점을 전혀 느낄 수 없다. 바로 이 차이가 관광객과 샌프란시스코 시민을 모두 만족시키는 점이 아닐까?

바닷가에 있는 빨간색 지붕 건물이 프레시디오 방문객센터이다.

책은 좋은 기념품이자 방문객센터를 가장 멋지게 꾸미는 장식품이다.

빨간 지붕인 프레지디오 방문객센터는 그 뒤로 보이는 금문교와 잘 어울린다.

금문교와 프레시디오 방문객센터는 기념품 구성도 매우 다르다. 그렇기에 각 지역의 개성을 확실히 보여 준다. 이런 특성은 방문객의 구매 욕구를 충족시키며 체류 시간을 크게 늘린다. 실제로 관광객이 금문교나 국립공원을 구경하는 시간이 10~20분이라면 방문객센터에 머무는 시간은 30분 이상이라고 한다. 잘 만든 기념품은 방문객이 자기 고향으로 돌아간 다음에도 그 지역을 떠올리게끔 한다. 즉 그 지역 이미지를 사 가는 셈이다. 필자 또한 미국을 여행하며 개성 넘치는 기념품을 많이 모았는데 늘 시간이 부족해 아쉬웠던 적이 한두 번이 아니다.

방문객센터는 도시를 홍보하고 관광 수입을 올리는 데 매우 중요한 요소다. 미국에는 큰 도시뿐만 아니라 작은 마을에도 방문객센터가 있다. 센터 구성이나 기념품 수준에는 차이가 있을지 몰라도 지역 개성을 살리는 데 집중한다는 점에서는 같다. 사실 관광의 핵심은 관광객이 그 지역에서 돈을 쓰도록 하는 것이다.

금문교와 프레시디오 방문객센터는 충실한 구성과 뛰어난 제품으로 먹을거리 없이도 관광객이 돈을 쓰게끔 한다. 관광 수익은 관광객 수에 비례하지 않는다. 두 센터처럼 관광객의 지불 의지를 자극해야 수익도 상승하고 관광지 이미지도 좋아진다.

금문교 방문객센터 내부. 건물 내부 구조도 금문교를 형상화했다.

프레시디오 방문객센터 내부. 차분하고 편안한 느낌이 자연 속 휴식처 같다.

금문교, 프레시디오 공원에서
방문객센터를 생각하다

방문객센터는 단순히 기념품을 파는 곳이 아니라 쉬면서 새로운 정보와 지식을 얻는 곳이어야 한다. 즉 지역이나 공간에 대한 내용을 다양하게 전시해 방문 현장에서보다 더 많은 이미지를 얻고 체험할 수 있는 공간이어야 한다. 금문교·프레시디오 방문객센터는 다리나 공원의 중요성, 사회·문화·경제 기여도, 역사를 고스란히 담고 있다. 이로써 자연스럽게 스토리 라인이 형성되고, 여기서 비롯한 아이디어가 다시 좋은 디자인 제품으로 이어지는 선순환 구조다. 이런 과정이 금문교와 프레시디오 공원을 세계에 널리 알리는 데 큰 역할을 한다.

한편 우리나라 방문객센터는 단순히 기념품이나 음료수 정도를 구입하는 곳이라는 인식이 강하다. 그래서인지 방문객센터로서 제대로 역할하지 못하는 곳도 많고, 방문객센터가 필요한데도 없는 곳이 많다. 예를 들면 안산 갈대습지공원과 시화호조력발전소가 그렇다.

갈대습지공원은 시화호 상류, 즉 민물과 바닷물이 만나는 기수역에 있어 사시사철 경치가 좋으며, 철새도래지일 뿐만 아니라 여러 생물이 사는 중요한 습지생태계이기도 하다. 그래서 시가 직접 관리하고 안산환경재단에서도 공원 관리에 일부 관여한다. 그러므로 방문객에게 갈대습지가 왜 중요한지, 이곳을 찾는 철새 종류는 얼마나 되는지 같은 정보를 알려 주는 방문객센터가 꼭 필요하다. 갈대습지를 제대로 설명하고, 휴식 공간을 제공하며, 수준 높은 기념품을 판매하는 방문객센터가 있으면 지역 주민과 관광객이 갈대습지의 중요성, 아름다움을 알 수 있다. 그리고 이는 도시 이미지 개선과 관광 증대 효과로 이어질 수 있다. 또한 공원과 이웃한 여러 공간을 통합해 보호지역이나 특별관리지역으로 지정해서 자연과 문화가 어우러진 센터를 설립하는 것도 좋은 방법이겠다.

또 한 곳, 시화조력발전소 달전망대 일대는 안산에서 사람들이 가장 많이 찾고 방문 만족도가 높은 곳이다. 이곳에는 매점이 어느 정도 방문객센터 역할을 하지만 먹을거리와 해양레저에 필요한 도구를 파는 수준에 그친다. 시화호 역사와 과거 풍요로웠던 해양 자원, 조력발전소 의미나 구조, 건립 당시 쓰인 기술 같은 이야기는 알 수 없고, 여기에서 비롯한 기념품도 없어 아쉽다.

물론 단순한 정보뿐인 이야기 구성과 기념품은 큰 의미가 없다. 금문교·프레시디오 방문객센터처럼 깊이 있게 그 지역을 알 수 있을 만한 이야기 구성, 작품이라고 해도 손색이 없을 만한 기념품이어야 한다. 그래야 방문객이 머무는 시간이 늘어나고, 이에 따른 경제 효과도 커진다. 그리고 무엇보다 중요한 것은 방문객이 오래도록 추억하게끔 하는 것이다. 방문객은 센터에서 기념품이 아니라 도시 이미지를 사는 것과 마찬가지이기 때문이다.

방문객센터는 이처럼 훌륭한 홍보 수단인데도 우리나라 관광업계에서는 이를 약간 경시하는 풍조가 있다. 그래서 국내 어떤 방문객센터를 가도 분위기가 엇비슷해서 관광객은 기념품은 물론 그 지역에 대해서도 크게 흥미를 느끼지 못한다. 다행히 최근에는 국립현대미술관이나 삼청동 일부 센터 등에서 독창적인 기념품을 판매한다. 아직 만족할 정도는 아니지만 우리나라에서도 매력 있는 방문객센터로 거듭나려는 시도가 보이기 시작한 만큼 전국에서 새로운 방문객센터 문화가 퍼지기를 바란다.

사구 생태계 복원이 만든
축복

크리시필드

복원 지역 이름과 함께 아름다운 환경을 만들어 준 이들에게 고마운 마음을 나타냈다.

샌프란시스코는 본디 해안 사구 지역에 세운 도시이다. 많은 수목을 식재하고 바닷가에 여러 가지 시설을 건립해 도시로서 갖추어야 할 다양한 인프라를 구축했다. 금문교는 시의 한 언덕과 맞은편 언덕을 이은 다리이기에 조금 높은 지역에 있는 반면, 크리시필드 (Crissy Field)는 샌프란시스코 시내와 가까운 해안 평지에 있다.

미 육군 비행장이었던 이 모래 해안은 현재 국립금문교여가지역이자 프레시디오 공원의 일부다. 비행장은 1974년 이후 폐쇄되었지만 유해 물질 투기 영향으로 한동안 더 육군 통제 지역으로 남아 있었다. 샌프란시스코 만을 배경으로 드넓게 펼쳐진 이 모래 언덕은 1994년 국립공원관리청(National Park Service)이 관할하면서 바뀌기 시작했다.

옛 군사 시설을 없애지 않고 여러 전시관으로 활용한다.

크리시필드 어디에서나 금문교를 볼 수 있다.

쓰레기가 널렸던 군비행장은 자연과 역사가 공존하는 녹색 공간으로 탈바꿈했다. 국립공원관리청은 과거에 서식했던 사구식물을 체계적으로 복원했고, 사구식물이 잘 자라도록 배후 습지까지 조성했다. 사구식물과 함께 이곳 고유종과 우점종을 심자 과거 살았던 동물까지 다시 살게 되면서 생물다양성이 높아졌다.

생태계 복원 지역은 당연히 일반 시민 출입을 제한한다. 그러나 시민들은 복원 지역 사이사이로 난 길을 따라서 바닷가로 갈 수 있기에 불편함을 느끼지 않는다. 원래 이곳은 고급 주거단지로 개발될 계획이었으나 국립공원관리청과 민간단체, 주민이 중심이 되어 염습지생태계를 복원하는 쪽으로 방향을 틀었다. 준비 기간만 7년, 건설 기간은 3년이 걸렸다고 하니 주민을 비롯한 모두가 얼마나 철저하게 이 복원 계획에 참여했을지 짐작이 간다. 시민들이 생태계 복원 이유나 가치를 잘 이해했기에 복원 지역 주변 시설도 자연친화적으로 만들 수 있었으리라.

야생보호지역으로
들어서니 유의하라는
표지판

사구 생태계와 사구호까지 복원된 크리시필드에는 방문객을 위한 최소한의 편의시설이 있다.

멀리 보이는 울타리는 사구식물을 보호하고자 세운 것이다. 울타리 뒤쪽으로 복원한 서식지에
식재한 고유식물들이 보인다. 이곳은 봄이 되면 초록빛으로 변한다.

한편 대부분 건물은 1920년대 모습을 보존하고, 일부는 사무실, 기념품 판매점, 주거지로 용도 변경했다. 배후 평지에는 시민들이 산책하거나 평화롭게 놀 수 있는 길이 3킬로미터, 폭 500미터 정도인 공지가 있다. 넓어서 다양한 놀이를 할 수 있고, 단체 미팅 장소로 쓰기에도 좋아 샌프란시스코 시민이 매우 사랑하는 장소다. 또 복원한 호수 곁에는 2001년 문을 연 크리시필드센터(Crissy Field Center)가 있다. 이 지역 생태계의 중요성이나 정보를 제공하는 곳이다. 여기서 조금 더 남쪽에 있는 모래밭 옆에는 요트항도 있다.

크리시필드는 사람과 자연이 어떻게 조화를 이루는지 보여 주는 모범 사례로, 현재 샌프란시스코의 랜드마크로 부상하고 있다. 그래서 다른 나라에도 자주 소개되며 생태학자들도 많은 관심을 보인다. 오바마 전 대통령과 민주당 대통령 후보였던 버니 샌더스도 이곳에서 연설했다. 그러고 보니 이곳은 두 사람이 내세운 철학, 새로운 세상과도 이어진 듯하다.

산책하면서 하나둘 쌓아 올린 돌멩이가 새로운 경관을 창조했다.
집단 조각 작품인 셈이다.

크리시필드 뒤쪽에 있는 넓은 산책로는 학교 체육 시간에 쓰이니 운동장 역할도 한다.

크리시필드는 자전거를 타기에도 좋은 장소이다.

크리시필드에서 생태계 복원을 생각하다

생태계 복원이란 예전 생태계 구조와 기능을 복구하는 재생사업을 말한다. 우리나라에서도 고창, 부안, 순천, 창원, 안산 등에서 복원 사업을 전개했으나 이 개념대로 복원한 곳은 없다. 안산은 시화호 상류에 갈대를 식재해 갈대군락이 지닌 수질 정화 기능을 강화하려고 했지만 실패했다. 그러나 아름다운 경관과 다양한 생물 서식지로는 방문객에게 사랑받고 있다. 부안도 매립지 부근 서식지를 잘 보호한 결과 염생식물이 크게 번식하고 있어 일단 사업 목적은 달성한 듯하다. 예전 생태계 기록이 없어 이전 생태계로 복원되었는지 확인하기는 어렵지만 사람들에게 좋은 평가를 받으며 주변을 생태관광지로 개발하고 있어 주민 소득 증대에도 기여할 것 같다.

우리나라 해안은 간척과 해안 개발로 크게 훼손, 파괴되었기에 예전 종 조성이나 기능을 파악하기 어려워 제대로 된 복원은 아예 불가능할지도 모른다. 그러나 전문가가 해안 특성을 잘 살피고 그 결과를 적용한다면 원래 생태계와 가깝게는 복원할 수 있다. 즉 해안과 강변 상태를 잘 파악해 환경을 만들고 일차생산자인 고유식물을 식재해 예전에 살던 동물이 돌아오도록 한다면 일단은 성공이다.

이 부분에서는 크리시필드 사례가 좋은 참고 자료가 된다. 또한 규모는 작지만 뉴질랜드 타우랑가 해안 복원도 비슷한 방법으로 접근한 좋은 사례이다. 서해안 사구처럼 자연성이 크게 훼손된 곳에서는 크리시필드 사례를 바로 적용할 수 있다. 사구 형태가 일부라도 남아 있다면 사구식물을 복원할 수 있다. 서해안 사구 자생종인 해당화나 순비기나무, 사초과 식물을 심어서 과거와 닮은 식생을 만들면 사구도 보호된다. 사구식물은 모래 속 깊이 뿌리 내려 사구 지형을 튼튼하게 하기 때문이다. 포락이 심한 경우에는 유럽의 와덴해나 일본 혼슈의 서해안 사례를 참조하면 좋다.

크리시필드 사례에서도 알 수 있듯이 생태계 복원 현장은 시민들에게 환경 교육과 체험, 휴식 공간이 되며, 이를 관광과 깊이 연계하면 해안 관광의 중요한 기점으로도 삼을 수 있다. 만약 이런 장소가 도심과 가깝다면 그 효과는 더욱 커지리라 본다.

자연을 사랑하는 사람들이
지키는 바다

샌프란시스코 만

샌프란시스코는 골드러시 때 개발된 도시다. 1879년부터 많은 사람이 몰리면서 도시가 과도하게 팽창했다. 원래 샌프란시스코 해안은 경사가 급한 사구 지역으로 도시로서는 적절하지 않았다. 그래서 큰 나무를 옮겨 와 심는 한편 해안에 평지를 만들어 도시를 건설했다. 그러나 당시 도시를 개발이나 투자 대상으로만 여기고, 샌프란시스코 자연 특성은 무시한 채 무작정 유럽과 비슷한 모습으로 만들면서 자연, 특히 샌프란시스코 만(灣)이 굉장히 오염되었다.

원래 샌프란시스코 만에는 미국 서부 해안에서 가장 넓은 조간대 습지가 있었다. 그러나 지난 150년간 이어진 해안 개발에 따른 간척과 매립으로 만 가장자리에 분포하던 습지와 해안 식생대가 파괴되면서 면적이 크게 줄었다. 현재는 원래 습지의 단 5%[2]만 남았다. 설상가상 과도한 육상 개발로 PCB, 수은, 살충제 같은 여러 가지 유해화합물이 연안습지의 여과나 정화 작용을 거치지 않고 바로 만으로 유입되었다. 이외에도 심각한 문제가 많이 발생하자 샌프란시스코 만을 지키려는 단체들이 발족했다. 샌프란시스코 만은 41개 도시가 속한 9개 카운티에 둘러싸여 있는데, 이 지역들의 150여 개가 넘는 공공기관이 모여 보전 논의를 시작했다.

---

2 이 5% 습지도 캘리포니아 전체에서는 90%에 해당함. 1992년 연구에 따르면 캘리포니아 주는 지역의 전체 습지에서 매년 229억 달러의 경제적 이익을 얻음. 캘리포니아 주에서 잡히는 어류의 71%도 습지와 관련 있음.

금문교가 있는 곳은 만의 입구로 가장 높은 곳이기도 하다.

샌프란시스코 만의 해안은 본디 염습지가 발달한 곳이다. 이런 습지는 만 생태계가 안정되도록
지지하는 중요한 역할을 한다.

샌프라시스코 만은 수산 자원이 풍요로운 곳으로 명성을 얻었지만
지금은 지역 주민이 다양한 활동을 하는 공간으로 사랑받고 있다.

BCDC는 주 정부기구로 주 정부청사에 사무실이 있다.

1961년에는 샌프란시스코 만 보호협회(Save San Francisco Bay Association)를 설립했다. 만 지역 주민에게 가입비로 1달러씩 받아 만에 매립용 토양과 폐기물 투기를 금지하는 활동을 시작했다. 이런 노력에 많은 시민이 지원과 지지를 보냈고 이는 오염되고 훼손된 지역을 정화하고 자연과 조화를 이루도록 하는 샌프란시스코 만 살리기(Save the Bay) 활동으로 이어졌다.[3] 여기서 특히 주목할 점은 초기 이런 운동과 보호협회 설립을 주도한 사람들이 평범한 여성 3명이었다는 점이다.[4]

---

3 이 덕분에 최근 몇 년 사이 나파, 헤이워드, 오클랜드를 비롯한 여러 지역에서 습지 5,000에이커(약 20제곱킬로미터)가 복원되었음. 또한 여러 공공기관과 민간기관에서 복원 가능한 해안 32,850에이커(133제곱킬로미터)를 매입해 복원 절차를 밟고 있음.

4 BCDC의 브래드 맥크리(Brad MacCrea)가 발표한 자료(San Francisco Bay: The Past and The Future, Saving the Bay and Planning for Future Sea Level Rise)를 인용함.

샌프란시스코 만 살리기 활동은 만과 습지 환경에 대한 보전 계획을 세우고 관련 활동을 담당하는 기구인 BCDC(San Francisco Bay Conservation and Development Commission) 창설에 직접 영향을 주었다. BCDC는 1965년에 임시 주정부기구로 공식 창설, 1969년에 맥아티어-패트리스(McAteer-Petris) 법에 따라 영구기관으로 승격되었다.

BCDC는 위원(commissioner) 27명이 만 매립 최소화(Minimize Bay Fill)와 실현 가능한 대중 이용의 극대화(Maximize Feasible Public Access)를 주제로 만 프로젝트를 진행한다. 위원 27명은 주지사가 지명한 5명, 9개 카운티 감독관, 4개 도시 의회 의원, 1개 지역 수자원위원회 위원, 시 및 주 대표 4명, 연방정부 대표 2명(환경부와 미 육군공병단) 등으로 구성된다.

샌프란시스코 만 형태를
볼 수 있는 지도.
집게처럼 맞물리는 곳에
금문교가 있다.

BCDC의 매니저가
만의 환경과 BCDC 역할에 대해
설명하고 있다.

BCDC는 지금까지 염전지구를 습지로 복원했고 일부 개발 지역을 해안으로 되돌리는 사업을 진행했다. 과거 사구에 살았던 식물을 다시 심어 샌프란시스코 만과 해안의 생물다양성을 확대했으며, 이러한 생태계 복원을 바탕으로 지속가능한 도시 여건을 만들고자 노력한다. BCDC는 이런 활동이 샌프란시스코 만과 주변 여러 도시 사람들의 삶의 질을 높이며 지역 경제에도 도움이 되리라 판단한다.

현재 샌프란시스코 만(灣)은 미국 서해안에서 가장 큰 하구 지역이자 생물 500종 이상의 서식지다. 이는 수많은 사람이 노력한 결과다. 다만 수산 자원이 괄목할 만큼 회복되지 않은 것으로 보아 만 생태계 기능이 완전히 복구되려면 좀 더 많은 시간이 필요해 보인다.

만 항구에는 많은 요트와 유람선이 정박해 있다.

샌프란시스코 만은 파도와 바람이 적절해 각종 해양 레포츠를 즐기기에 좋다.

샌프란시스코 만에서 경기만을 생각하다

경기만은 개발 정도나 규모, 해안 도시 수로 볼 때 샌프란시스코 만과 비슷하다. 물론 다른 점도 있다. 샌프란시스코 만이 주둥이가 좁고 넙적한 꽃병 모양이라면 경기만은 입구가 열린 주발 모양이다.

경기만은 굉장히 풍요로운 바다인 황해에 속해 지구에서 가장 풍요로운 바다라고 해도 과언이 아닐 정도로 해산 자원이 풍부했다. 과거에는 중국과 한반도가 황해, 그 가운데서도 경기만을 통해 많이 교류했다. 조선시대에는 경기만과 접한 안산에 진상 수산물을 관장하는 관청 사옹원(司饔院)의 분원을 직할하는 어소가 있을 정도였다. 이곳이 한양과 가깝기도 했지만 여기서 나오는 수산물의 맛이 좋고 풍부했기 때문이다.

이토록 풍성했던 경기만 해안은 산업시대를 맞아 항만과 수도권 중소 제조업 단지와 그 배후 도시로 개발되면서 완전히 변모했다. 특히 과거 군자만이었던 시화호는 도시하수 유입이 많아지고 바닷가 주변 공장들이 버리는 폐수로 금방 오염되었다. 현재 그나마 해안의 원형을 엿볼 수 있는 곳은 시흥갯골 정도이고, 오염 정도가 가장 심각했던 곳은 아이러니하게도 시화호로 이름이 바뀐 군자만이다.

시화호는 1994년 방조제를 막은 지 2년도 채 되지 않아 죽은 바다가 되었다. 일부 지역은 COD가 22ppm을 넘을 정도였다. 이런 수치는 공업용수로도 쓸 수 없는, 세계 어디에서도 보기 힘든 최악의 수치였다. 결국 시화호는 우리나라에서 바다를 방조제로 막고 그 안을 담수호로 만들고자 한 사업 가운데 처음으로 정부가 실패를 인정한 사례가 되었다.

사태가 심각해지자 지역 주민은 분노했고 또 담수호를 계획했던 정부도 대단히 놀랐다. 추진 기관인 한국수자원공사도 당황하기는 마찬가지였다. 이런 상황은 지역 사회의 운동 역량을 키우는 계기가 되었고 수많은 환경단체가 활발히 움직였다. 이로써 안산은 전국에서 시민 활동이 가장 활발한 지역이 되었다.

해양수산부는 이 지역 연안을 통합 관리할 필요가 있다고 판단하고, 다양한 이해 기관과 지역 주민 대표가 참여하는 관리 기구를 만들었다. 이런 노력은 시화호를 깨끗이 하는 데 기여했다. 한편 개발자인 한국수자원공사의 책임이라는 비판도 제기되었지만 다행히 다양한 노력과 투자로 시화호 수질은 점차 개선되었다. 그 과정에서 정부 또한 수질오염이 얼마나 큰 재앙인지 비로소 깨닫고 오배수 배출에 여러 가지 조치를 취했다. 결국 환경부와 해양수산부는 담수호 조성이라는 본래 목적을 포기하고 시화호를 해수호로 선언했다. 시민들이 제안한 오염 저감 방안인 시화호조력 발전소를 세우면서 바닷물이 활발히 드나들어 수질은 크게 좋아졌다.

시화호 오염은 우리나라 학계와 국민이 해역 오염 관리, 해양 환경 보전 문제에 관심을 가지고 습지생태계의 중요성을 깨닫게 한 중대한 계기가 되었다. 물새 서식지인 습지 보호에 관한 국제협약인 람사르 협약(Ramsar Convention)도 이때 국내에 많이 알려졌다.

그러나 여전히 문제는 있다. 지역 주민의 수질 개선 노력이 시화호를 살려 내는 데 크게 기여했지만, 시화호 환경을 둘러싼 활동이 체계적으로 관리되지 않고 관리 기구의 권위가 매우 약해졌기 때문이다. 안산시도 연안통합관리를 통해 해역을 관리하는 국제기구인 동아시아해양환경관리협력기구(Partnerships on Environmental Management for Seas of East Asia, PEMSEA)에 시화호 관리자로 적극 참여해 새로운 관리체계를 세우고자 하지만, 중앙정부와 한국수자원공사의 역할(권한)을 뛰어넘지 못하고 있다. 시화호를 더욱 체계적으로 관리하고 보전하려면 샌프란시스코 BCDC 활동에서 교훈을 얻을 필요가 있다.

샌프란시스코 만에서는 그 지역을 끝까지 지키고자 시민들이 헌신적으로 노력했고, 그런 역사를 기리는 과정을 통해 끊임없이 샌프란시스코 만의 중요성을 되새기고 습지를 복원하고 있다는 점을 주목해야 한다. 과거 경기만의 풍요로움을 되찾고 넉넉한 해양 자원을 후손에게 물려주려면 안산은 물론 시화호를 둘러싼 화성과 시흥 세 지역이 경기도와 함께 한층 법적으로 강화된 공익 관리 기구를 꾸려 나가야 한다. 그리고 경기만 전체를 관리하는 기구를 구성하고자 협의해야 한다.

옛 부두의 멋진 변신

피어 39

샌프란시스코에서 관광객이 가장 많이 찾는 곳이 39번 부두, 피어(Pier) 39이다. 샌프란시스코 해안관광지구인 피셔맨즈 와프(Fisherman's Wharf) 가장자리에 있고, 노스 비치(North Beach), 차이나타운과 가깝다.

피어 39[5]는 과거에 샌프란시스코 앞바다 수산 자원이 풍요로웠을 때 크게 활약했던 어항[6]이었으나 어업자원이 사라지면서 점차 그 기능을 잃어 갔다. 이에 기업가인 워런 시몬스(Warren Simmons)가 기념품점과 오락실, 카페와 식당, 박물관 등 다양한 즐길거리가 있는 관광복합 시설로 개발, 1978년 10월 4일에 개장했다.

매년 1,000만 명 이상 관광객이 볼거리, 먹을거리, 살거리가 풍부한 이곳을 찾는다. 큰 틀에서는 변화가 없으나 사시사철 이벤트를 열며 내용 면에서는 끊임없이 변화를 추구한다. 이 점도 피어 39가 40년 동안 명성을 유지할 수 있었던 비결이 아닐까?

피어 39를 걷다 보면 다양한 업종으로 이루어진 상가가 조화롭게 공존한다는 것을 알 수 있다. 대단한 공간 구성력이라고 생각한다. 그렇다고 피어 39가 단순히 쇼핑센터나 식당가로만 유명한 것은 아니다. 캘리포니아 바다사자 서식지가 잘 보전되어 있고, 해양포유류센

---

5   더욱 다양한 피어 39 정보는 홈페이지(www.pier39.com)에서도 얻을 수 있음.

6   피어 39에는 범죄자를 싣고 출항하는 부두가 있었음. 피어 맞은편에는 샌프란시스코 만 안에 있는 섬 알카트로즈가 있음. 이곳은 한 번 들어가면 영원히 나올 수 없다고 해서 '악마의 섬'이라고도 불리며 알 카포네가 수감되었던 곳으로도 유명함. 숀 코너리와 니콜라스 케이지가 주연한 영화 더 락(The Rock)의 무대이기도 함.

터(The Marine Mammal Center)와 수족관도 있다. 캘리포니아 바다사자
는 샌프란시스코 만에 서식하며, 1989년 가을 피어 39 부두에 나타
났다고 한다. 이후로 주요 서식지인 실록(Seal Rock)에서는 개체수가
꾸준히 감소하는 반면, 피어 39에 모이는 수는 증가했다.

피어 39에서는 방문객의 시선을 끄는 공연이 이어진다.

인공 진주를 품은 양식장 진주조개를 판매하는
가게도 있다.

샌프란시스코 지역 맥주로 19세기부터
부두에서 인기가 많았다. 이 병맥주는
1971년부터 생산되었다.

바다사자는 상업 공간인 피어 39를 훨씬 품격 있는 장소로 보이게 한다.

또한 피어 39는 생태 교육, 책임 있는 소비, 재생 가능 에너지원 개발을 장려해 샌프란시스코 만 자연환경 보호와 보전에 기여한다. 관광객이 버리고 간 재활용 쓰레기를 용도에 맞게 처리하고, 레스토랑에서 나온 음식물 쓰레기와 젖은 쓰레기를 퇴비로 처리한다. 또한 조경 쓰레기를 100% 재활용한다. 광범위하고 우수한 재활용 노력으로 거의 매년 캘리포니아 주 폐기물 감축 프로그램(the State of California's Waste Reduction Program, WRAP) 상을 비롯한 수많은 상을 수상했다. 피어 39 센터는 미국에서 ISO 인증을 받은 최초 기관이기도 하다.

피어 39가 자연을 아끼고 지키는 방향으로 발전해 지역 발전을 도모한다는 사실이 관광객을 끌어모으는 데 직접 영향을 미치지는 않는다. 그러나 이곳을 찾은 방문객은 분명 피어 39가 다른 관광 센터보다 수준 높은 명소라고 자연스럽게 인식하리라 생각한다. 시애틀을 비롯한 여러 곳에서 피어 39와 비슷한 센터를 개발하는 것이 그 방증 아닐까?

피어 39 입구에 설치된 거대한 게 조각상은 사진 배경으로 인기가 적지 않다.

피어 39에서 항구 도시를 생각하다

우리나라에도 어항 기능이 약화되어 가거나 거의 사라진 항구 도시가 적지 않다. 인천 연안부두와 강화도, 경기도의 김포, 시흥, 안산, 화성 등에는 많은 사람이 찾는 어항이 있지만 성공한 해안 관광지라 보기는 어렵다. 그나마 해양엑스포가 열렸던 여수항은 어느 정도 성공했다고는 볼 수 있는데, 국가가 엄청나게 투자한 국제행사를 치른 곳이라는 점을 감안해 실제 투자 대비 성과는 어떤지 좀 더 두고 볼 필요가 있다. 인천 송도와 부산 해운대 사례도 있으나 이는 해안 개발 성격이 강해 도시재생 관점에서 보기는 어렵다.

일부 항만에서 경제재생 관점으로 개발을 추진하고 있으나 대체로 카페나 횟집 위주여서 정확한 계획이 없어 보이고 트렌드 적용도 너무 느리다. 또한 자연성 보강은 아예 검토하지도 않는 듯하다. 해안을 찾는 방문객의 취향과 소비 형태가 이미 바뀌었기에 바닷가라면 무조건 카페나 횟집이라는 고정관념은 버려야 할 때다.

항구 도시재생은 친환경적이면서도 도시 경제와 공공에 기여할 수 있는 방법으로 실행해야 한다. 그러려면 지역 정부가 면밀히 계획하고, 체계적으로 지원해야 한다. 그리고 지역 상인을 비롯한 주민이 바다와 바다생물을 아끼며, 완전히 새로운 방식으로 변화를 꾀해야 한다는 점이 무엇보다 중요하다. 이런 인식을 바탕으로 하지 않으면 협의도 어렵고 큰 투자도 유치할 수 없다. 이 점에서 피어 39를 참고할 만하다.

다행히 우리나라에는 도시재생 차원에서 충분히 개발할 만한 항만이 여럿 있다. 대개 어수선하고 때로는 지저분하기까지 한 항구를 어떻게 바꿀 수 있을까? 일단 방문객이 한 번이라도 의미 있게 들를 수 있는 가게로 이루어진 상점가가 있어야 한다. 그리고 여기에는 박물관이나 미술관처럼 매력 있는 요소도 더해져야 한다. 즉

사람들을 끌어당길 만한 요소를 만드는 것이 상가 부흥 여부를 가르는 키 포인트가 되리라고 본다.

상상해 보자. 작은 해양박물관이 있고 그 주변 구석구석에 예쁜 골목이 있다. 거리는 크게 식당가와 상점가로 나뉜다. 식당가에는 다양한 식당이 즐비하다. 예컨대 횟집이나 초밥집, 지역 해산물 튀김집, 돈까스집은 물론 고급 레스토랑도 있다. 또 분위기 있는 카페와 예쁜 빵집, 아이들이 좋아하는 아이스크림 가게도 있다. 상점가에는 지역 작가의 작품을 파는 갤러리, 지역 바다의 독창성을 살린 소품을 파는 기념품점, 주부의 시선을 끌 만한 가정용품점, 책방도 두어 곳 있다. 여기에 지역 특성을 살려 갯벌과 철새 탐조 데크처럼 산책하며 자연을 즐길 수 있는 시설을 더한다면 가족, 연인, 친구 등 어떤 관광객이 오더라도 체류 시간과 소비가 늘어나리라 본다.

언젠가 우리나라 항구 도시도 흔한 부두가 아니라 자연 문화 향기로 가득한 지역 명소로 발돋움하리라 믿는다.

시민의 사랑과 존중을
함께 받는 곳

샌프란시스코
시청

1928년에 완성된 샌프란시스코 시청은 1964년까지 캘리포니아에서 가장 높은 건물이었다. 오래전에 지은 건물이지만 낡아 보이지 않고 세련되며 도시 이미지와도 잘 어울린다. 그래서 단순히 크기만 한 건물이 아니라 문화유산처럼 보이며 도시 랜드마크일 만하다 싶다.

시청 실내에는 편안한 분위기인 실내 광장이 있다. 다른 층으로 오르는 계단은 고풍스러워서인지 결혼식 사진을 찍는 신혼부부와 단체 관광객이 눈에 많이 띈다. 과거 캘리포니아 예술가들 그림을 전시했던 3층의 한 방은 아트 갤러리이다. 시청 37층에는 전망대도 있다. 업무 시간인 월요일부터 금요일까지 일반인에게 무료로 개방한다.

샌프란시스코 시청 앞 광장 양쪽에는 그늘을 만드는 가로수 길이 있다.

시 청사 반대편 광장 끝에서는 작은 시장이 열리곤 한다.

시청 내부는 천장이 높고 고전미가 풍기지만 색상이 단순해 지나치게 화려하지는 않다.

한편 공무원이 업무를 보는 사무실 출입은 생각보다 삼엄하다. 함부로 출입하기 어려운 구조이며 제복을 입은 청경들이 입구에서 철저히 검문한다. 공식 방문객도 반드시 같은 검문 과정을 거쳐야 한다. 물론 검문은 불법무기 소지나 신원 확인에 한한다.

출입이 삼엄한 반면 시청 내부에서는 자유롭게 토론하는 모습을 흔히 볼 수 있다. 필자가 일행과 함께 공식 업무로 방문했을 때 우리에게 다문화 정책을 비롯한 문화 정책을 설명해 준 문화디자인 담당 국장[7]은 차림새부터가 예술가 같았다. 공무원처럼 보이지 않는 표현 방식도 전문 분야와 잘 어울렸다. 반면에 의회 의원은 깔끔한 정장 차림으로 활동한다. 권위를 바탕으로 행동하는 의원과 전문성을 바탕으로 일하는 공무원 모습이 조금 낯설지만 조화로워 보였다.

공식 방문 당시 우리는 상을 받았는데 이때 의장 단상에서 사진을 찍게 배려해 줬다. 당시 의회장이 관광지 역할을 한다는 사실에 놀랐다. 의례행사를 진행할 때는 행사 관계자가 아니더라도 구경하거나 사진을 찍을 수 있다. 권위와 자유가 공존하는 미국 사회 분위기를 엿볼 수 있는 부분이다.

시청 주변으로 광장이 잘 조성되어 있어 다양한 프로그램이 열리기도 한다. 광장 한쪽에는 기념품점과 박물관 같은 공간이 있다. 그래서인지 시민뿐만 아니라 관광객도 많이 보인다. 광장 조경은 시청

7　예술가 출신 공모직 공무원임.

을 돋보이게 하는 수단일 뿐만 아니라 그 자체로도 매우 아름답다. 여러 모로 국내 시청에서는 볼 수 없는 구조나 장치가 많아 인상적이다.

샌프란시스코 시청은 시민에게 열린 공간인 동시에 위엄이나 권위도 느껴져 지나친 행동은 자제하게끔 하는 힘이 있다. 바로 이것이 디자인이 가진 힘이 아닐까 생각한다.

덧붙이자면 로스앤젤레스 시청은 건물 모양은 완전히 다르지만 내부 분위기는 샌프란시스코 시청과 같다. 시청 안에 있는 의회에서는 시의 역사와 권위를 느낄 수 있다. 의회 의장석은 아주 높지 않고 의회장을 가까이 내려다볼 수 있을 정도 높이에 있다.

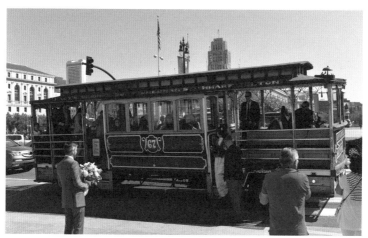

시청은 신혼부부가 사진 촬영을 하기에 아주 좋은 장소이다.
트램에서 내리는 신부를 기다리는 신랑 모습을 흔히 볼 수 있다.

시청 앞 대로 건너편에 푸드트럭이 서 있다.

시 청사의 야경도 아름답다. 야간 관광지로도 손색이 없다.

로스앤젤레스 시청은 샌프란시스코 시청에 비해 높고 현대적이지만 기본 특성은 동일하다.

샌프란시스코 시청에서 도시 청사를 생각하다

도시 청사는 대개 그 도시의 상징이기에 일반 건축물과 조금 다르게 짓기 마련이
다. 처음부터 잘 건축된 청사는 문화유산이 된다. 그러나 안타깝게도 우리나라에
서는 30년이 지나면 시설이 낙후되어 재건축이나 리모델링을 고려해야 한다. 이럴
때 샌프란시스코 시청을 눈여겨볼 만하다.

먼저 랜드마크까지는 아니더라도 그 도시가 지닌 이미지와 잘 맞으면서도 깔끔한 형태가 좋다. 시민이 자유롭게 드나들 수 있으면서도 시청 내에서는 절제 있게 행동할 수 있는 방향으로 디자인해야 한다. 또한 공무원이 자유롭게 일할 수 있는 공간, 꾸준히 토론할 수 있는 협업 공간이 많아야 한다. 시청 한 층을 박물관처럼 꾸미며 시 관련 기념품이나 책을 판매하거나 자료를 열람할 수 있는 곳으로 꾸미기를 제안한다. 무엇보다 시민이 자유롭게 모이고 행사도 할 수 있는 공간을 갖추면 더 좋다. 그런 점에서 내·외부에 광장은 꼭 있어야 한다.

국내에서 좋은 사례로는 성남 시청을 들 수 있다. 처음에는 시청이 지나치게 커서 건축 경비를 많이 들였다는 비판을 받았지만 지금은 많은 공간을 어린이 놀이 공간, 도서관 등으로 제공해 아이, 주부, 노인 누구나 시청에 자유롭게 드나든다. 이로써 공무원과 시민 사이에 유대감과 신뢰감이 쌓였다.

이처럼 시청이 시민 위에 군림하는 곳이 아닌 시민 누구나 시간이 나면 가는 곳, 멀리서 친구가 오면 자랑거리로 보여 주는 곳, 조금은 조심스럽게 행동하는 곳이 되면 얼마나 좋을까?

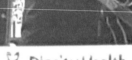
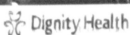

매력적인
꿈의 경기장

AT & T 파크

샌프란시스코 자이언츠의 홈구장인 AT & T 파크는 샌프란시스코 만 해변에 있다. 원래 이름은 퍼시픽 벨 파크(Pacific Bell Park)였으나, 2003년 SBC커뮤니케이션스가 퍼시픽 벨 사를 인수하면서 SBC 파크로 이름이 바뀌었다가 2006년 AT & T 사[8]까지 다시 인수하면서 AT & T 파크로 바뀌었다. 또한 전 자이언츠 선수인 윌리 맥코비(Willie McCovey)에게 경의를 표하는 의미로 맥코비 코브(McCovey Cove)라고도 불린다. 이곳에서는 프로와 대학 미식축구 게임도 열린다.

시내 쪽에서 걸어가다 보면 경기장으로 걸어간다기보다는 경기장이 성큼성큼 다가오는 듯한 느낌을 받는다. 경기장이 바닷가, 즉 육지 끝에 있어 큰 직선도로로 다가가면 원근감이 느껴지기 때문인 듯하다. 이곳은 가까이 서면 위압감이 느껴질 정도이고 42,000여 석이나 있다지만 다른 구장에 비하면 약간 작다고 한다.

구장 한쪽이 바로 바다와 접해 있어 큰 홈런이 나오면 공이 날아가 바다로 떨어지는 것으로도 유명하다. 해안에 위치하기에 다른 지역에서 배를 타고 시합을 보러 오는 것도 이 구장만의 특이점이다. 그리고 경기장 상층부에서 보면 샌프란시스코 만이 잘 내려다보여 전망대 역할도 한다.

8　미국의 다국적 기업이자 세계 최대 통신 기업임

전광판은 경기장 상황을 생생하게 전달한다. 주변 광고판은 관중의 시선에 맞게 설치되었다.

저 멀리 샌프란시스코 만의 다른 곳에서 관중을 싣고 오는 선박이 보인다.

어떤 관중석에 앉아도 경기가 잘 보이도록 경기장을 설계하는 일은 쉽지 않다.

AT & T 파크에는 내부 이동 통로 모든 곳에 가게가 있다. 관중은 이곳에서 야구 경기만 보는 것이 아니라 먹고 쇼핑하는 즐거움도 함께 누린다. 경기 중에도 사람들은 맥주나 콜라, 팝콘, 소시지, 솜사탕, 츄러스, 햄버거 등을 먹으려고 연신 가게에 들락거린다. 아예 가게에서 맥주나 코코아, 커피를 마시며 경기를 보는 사람도 있다. 경기장 안에서는 카푸치노 제조용 배낭을 멘 직원이 걸어 다니면서 커피를 판다.

먹거리뿐만이 아니다. 자이언츠 팬들은 팀을 상징하는 주황색 옷과 모자를 사려고 줄을 서고, 기념품 한두 가지를 사 가지고 돌아간다. 경기가 끝나고 나면 사람들은 이곳이나 주변 호프집 등에서 승패를 분석하고 이겼을 때는 흥분과 기쁨을 서로 나눈다. 이런 모습에서 샌프란시스코 시민에게 야구와 AT & T 파크는 단순한 스포츠와 구장이 아닌 지역과 스포츠 문화를 향유하는 이상적인 공간임을 알 수 있다.

AT & T 파크 정문과 후안 마리찰 선수 동상. 후안은 1960년대 샌프란시스코 자이언츠에서
대활약한 도미니카 출신 선수이다. 전설적인 오른손 투수로 왼발을 높이 올려 차며 던지는
투구폼으로도 유명하다. 통산 전적은 243승 142패이며 1983년 야구 명예의 전당에 올랐다.

야구 기념품 가게마다 기념품을 사려는 팬들이 줄을 서 있다.

야구 경기를 보러 왔지만 사람들은 먹는 즐거움도 놓치지 않는다.

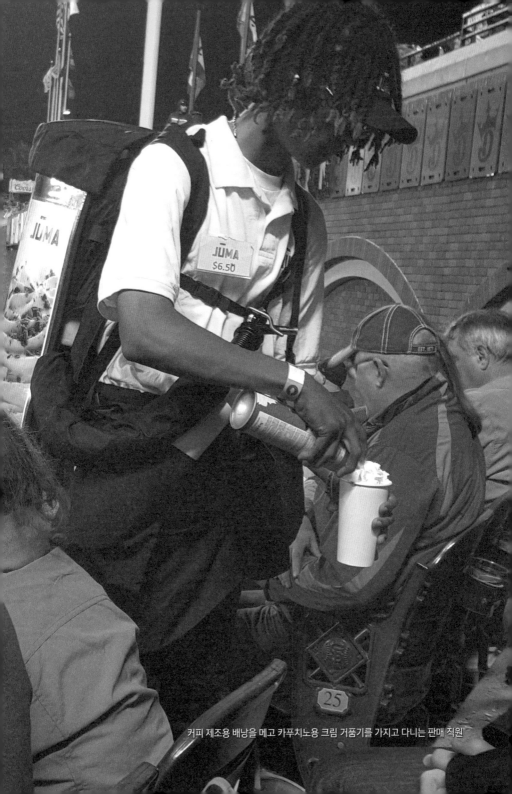

커피 제조용 배낭을 메고 카푸치노용 크림 거품기를 가지고 다니는 판매 직원

프로 구단의 이런 힘은 마케팅에서 비롯한다. 한 마케팅 전문가는 "야구팀의 성공은 티켓 판매와 스폰서십 판매로 승패가 갈린다"며, "자이언츠는 이 두 가지 측면에서 최고의 팀 가운데 하나다"라고 했다. 자이언츠의 한 임원은 "브랜드를 만들고 팬 층을 구축하는 것은 승리 이상으로 중요하다"고 말했다. AT & T 파크는 자이언츠 일반 및 골수 팬을 위해 센터 필드 스코어보드 아래에 유기농 정원을 마련했다. 그리고 대형 스크린으로 소셜 미디어 콘텐츠를 전송하는 앳카페(@ Cafe) 같은 편의시설, 봄 전지훈련지에서 하루를 보낼 수 있는 가상현실 체험 프로그램 같은 이벤트를 제공한다. 자이언츠 마케팅과 광고 운영 부문 책임자는 "일반 팬이든 팬이 아닌 사람이든 야구장에 오고 싶도록 하고, 그럼으로써는 우리는 그들을 열성 팬으로 바꿔 놓을 수 있다"고 말했다.

포브스에 따르면 자이언츠는 뉴욕 양키스, LA 다저스, 보스턴 레드 삭스에 이어 미국 메이저 리그 야구(MLB)에서 네 번째로 중요한 팀이다. 자이언츠는 AT & T, 코카콜라, 토요타 같은 대기업과 후원 계약을 체결했다. 또한 자이언츠 팀의 AT & T 파크 관중 수는 2009년 280만 명에서 2015년 330만 명으로 증가했으며, 시즌 티켓 판매는 2009년 19,016건에서 2016년 31,424건으로 증가했다. TV 시청률 역시 2009년에서 2015년 사이에 34% 증가했다.

선수들의 투철한 프로 정신과 구단의 철저한 마케팅 전략이 수많은 관중을 경기장으로
불러 모으는 힘이 아닐까?

사람들은 경기 중간 쉬는 시간에 밖으로 나와 함께 온 친구나 이웃과 함께
술 한잔하며 스트레스를 풀기도 한다.

AT & T 파크에서 경기장을 생각하다

어느 도시에나 큰 경기장이 하나쯤 있다. 특히 프로팀이 있는 도시라면 그 팀의 홈 경기장이 있기 마련이다. 지역 팀 경기가 있는 날은 축제와 다름이 없다. 시민들은 우리 고장을 대표해 싸우는 선수들과 하나가 된다. 중국 연변 시에서는 축구 경기가 열리는 날을 명절이라고 부른다. 이런 행사는 도시민에게 꼭 필요하다고 본다. 약간 광적인 감정 표출이 지역민의 화합을 북돋고 상대의 공격 의지도 합법적으로 잠재울 수 있다면 지나친 생각일까?

경기장 입지 조건으로는 대로변, 역에서도 멀지 않아 대중교통으로도 편하게 접근할 수 있는 곳이 좋다. 경기장 외형이나 내부 구조를 효율적이면서도 개성 있는 방향으로 만드는 것도 필요하다. 경기장 안팎에 관중이 즐길 수 있는 소비·체험 공간이 많으면 더할 나위 없다. 즉 경기장을 단순히 경기만 관람하는 곳이 아니라 다양한 나들이 장소, 시민의 휴식처로 활용할 수 있는 곳으로 여기게 해야 한다.

예컨대 가족, 친구, 이웃과 파티를 하며 경기를 관람할 수 있도록 관중석을 잔디로 바꾸거나, 지역 팀 선수의 기록을 모아 전시하는 전시관이나 박물관, 체험관 등을 세운다거나, 경기장과 주변 시설에 많은 비즈니스를 유치해 스포츠 마이스(Meeting, Incentives, Convention, Events & Exhibition: MICE) 산업을 도시의 산업 다변화 전략으로 삼는 방안도 제안한다.

관중에게 호감을 줄 수 있는 방법이 있다면 두려워 말고 도전해 봐야 한다. 그리고 이런 도전에는 구단이 먼저 나서는 것이 좋다고 생각한다. 구단에서는 관중이 적으면 경제적 성과를 기대할 수 없으므로 입점 유도를 꺼리는 면도 있겠지만 그에 앞서 관중이 올 수 있도록 먼저 시민과 접촉하고, 열정적으로 마케팅 전략을 펼치는 노력이 필요하다. 물론 구단의 노력만으로 어려운 부분도 있다. 지역 상인들 또한 여러 가지 부분에서 협력과 변화를 추구해야 한다.

국내에서는 프로 축구 챌린지리그의 안산 그린너스가 좋은 사례다. 2017년 창단한 팀으로 비록 우수한 성적을 올리지 못했지만 연간 200회 이상 사회봉사를 하며 시민에게 가까이 다가섰다. 이러한 구단의 마케팅 노력과 공공 기여로 사회봉사상과 최고관중증가상을 수상했다. 이 사례에서도 구단의 활발한 지역 활동이 팬 층을 확보하는 좋은 방법 가운데 하나라는 것을 알 수 있다.

세계 경제를 이끄는
혁신의 땅

실리콘밸리

정보산업이 가져온 엄청난 기술 변화는 불과 50년 전에는 상상도 못하던 것이다. 지금은 3차 산업혁명을 넘어서 사물인터넷, 인공지능, 빅테이터 등 소프트파워로 대변되는 4차 산업혁명이 만들어 내는 변화를 바라보는 시점이다. 이 혁신을 주도하는 곳이 바로 샌프란시스코 만 남쪽으로 드넓게 펼쳐진 평지, 실리콘밸리다.

현재 이곳에는 포춘 1,000대 기업 중 39개 기업 본사를 포함해 전세계 하이테크 대기업과 수천 개 스타트업이 있다. 우리가 잘 아는 구글(Google)과 우버(Uber) 같은 소프트웨어 중심 기업뿐만 아니라 IT를 기반으로 하는 수많이 기업이 있다. 또한 미국 벤처 캐피탈 투자사의 1/3이 이곳에 있다. 즉 실리콘밸리는 단순히 한두 종류 산업뿐만 아니라 세계 모든 산업의 소프트웨어 파워를 만들어 내는 중심 지역이자 미국의 산업을 굳건히 지키는 기반 지역이라고 할 수 있다.

실리콘은 여러 실리콘 사업에서 본딴 것이며, 밸리는 중심 지역인 산호세(San Jose)와 주변 도시를 포함하는 산타클라라(Santa Clara) 카운티를 말한다. 한편 더 넓은 범위를 지칭하는 이름으로 쓰여 샌프란시스코와 샌프란시스코 만 북쪽에 있는 오클랜드 등 두 도시[9]까지 실리콘밸리에 포함하는 것이 추세이다. 예를 들면 픽사 본사만 오클랜드에 있으나 이 회사가 모두 실리콘밸리에 있는 것으로 이해한다.

---

9   두 도시는 샌프란시스코 만을 에워싸고 있어 이곳을 베이 지역(Bay area)이라 함.

픽사 본사 정문. 본사가 오클랜드 시로 옮겨 오자 경기가 살아난 것은 물론
주변 환경도 정비되면서 도시재생 효과까지 나타났다.

실리콘밸리 구글 캠퍼스에서는 구글 특유의 색과 디자인으로 꾸며진 안내판을 볼 수 있다.

실리콘밸리는 왜 샌프란시스코 인근에서 생겨났을까? 가장 큰 요인으로는 샌프란시스코가 지닌 혁신적인 문화와 샌프란시스코 사람들의 개방 의식을 꼽는다. 조금 더 상세히 따지자면 인적 자원, 손쉬운 재정 조달, 고유한 문화, 스타트업 인프라를 들 수 있다.

실리콘밸리 주변에는 스탠포드처럼 세계에서 가장 명성 높은 공대와 캘리포니아 대학, 산호세 주립대 및 지역 전문 대학 등[10]에서 만들어 내는 공대 문화가 있다. 실제로 휴렛팩커드, 실리콘 그래픽스, 시스코, 구글, 야후, 우버 같은 많은 실리콘밸리 기업 창업자가 스탠포드를 비롯한 이 지역 대학을 졸업했다.

공대 문화를 바탕으로 목적이 같은 사람들끼리 가까운 곳에서 교류하는 밀집도가 중요한 요소로 작용한다. 미국 벤처 캐피탈의 1/3이 실리콘밸리에 있어 기술과 투자가 상호 작용하는 시스템이 잘 갖추어져 있으며, 실패를 용인하는 관용적인 문화도 사람들을 모으는 역할을 톡톡히 한다. 그리고 실리콘밸리에는 큰 내수 시장과 값싼 임대료 등 기업하기 좋은 인프라가 구축되어 있으며, 좋은 날씨도 한몫한다.

자주 간과되는 요소가 실리콘밸리의 문화 다양성이다. 실리콘밸리는 전 세계 최고 엔지니어, 특히 인도와 중국 엔지니어를 끌어들이고 있으며,[11] 1995년에서 2005년 사이 신생 기업 절반 이상을 이민

---

10 산호세 주립 대학, 경제학과, 실리콘 밸리의 지역적 이점 인용함.
11 MIT 기술 검토, 실리콘 밸리를 모방할 수 없다, 2013년 7월 3일자 인용함.

자가 설립했다. 이런 내용을 실은 자료에서는 실리콘밸리 성공을 모방할 수 없는 이유를 다음과 같이 들었다.

실리콘밸리 성공의 주된 요인은 공동정신이다. 그 예로 현지 회사의 많은 창립자가 함께 학교를 다녔다. 사적 충성심은 기업 충성심보다 우선한다. 이들은 전문적인 네트워크를 통해 정보를 쉽게 교환했고, 기업은 이들의 협력으로 모든 성공을 이끌어 냈다. 캘리포니아 주는 비경쟁 조항을 금지했다. 이로써 뛰어난 성과를 보인 사람은 회사를 떠나 새로운 아이디어를 시험해 볼 수 있고, 이는 직원들이 문제를 해결하고자 함께 노력하도록 만든다.

샌프란시스코에 있는 카페다. 실리콘밸리에서 만든 최첨단 기술로 매장 방문객이 샌프란시스코의 물 흐름을 볼 수 있게 해 놓았다. 실리콘밸리의 기술이 아니라면 만들기 어려웠을 것이다.

실리콘밸리 전경. 실리콘밸리는 좋은 기후 환경과 싼 임대료,
실패를 두려워하지 않는 기업 문화가 있는 곳이다.

실리콘밸리에는 여타 제조 산업단지와 달리 자연친화적인 분위기가 흐른다.

실리콘밸리 대표 기업이라 할 만한 구글 캠퍼스에서는 무인 자동차
나 자동차 공유 시스템 같은 수많은 가치를 부여할 만한 시도가 이
루어진다. 캠퍼스의 무척 아름다운 자연과 조화를 이루어 자유롭게
연구하는 모습을 보면 마치 앞서 구현된 미래 도시가 우리에게 어
서 따라오라고 손짓하는 듯하다.

구글 캠퍼스 어디에나 전기 자동차와 자전거 충전 시설이 있다.

구글 캠퍼스 실내 휴식공간. 첨단 도시가 추구하는 것은 기술 발전만이 아니다.

실리콘밸리에서 안산 사이언스밸리를 생각하다

실리콘밸리를 우리나라 어떤 곳과 비교하는 일 자체가 무리일지 모른다. 그러나 국내에서도 부족한 부분은 채우고, 보완할 부분은 보완해 혁신적으로 변화를 추구할 곳을 찾아야 한다. 그런 점에서 여러 모로 실리콘밸리에 비견할 만한 여건을 갖춘 지역이 안산이라고 생각한다.

안산은 산업화 과정에 생긴 계획도시로 당시 수많은 제조업체가 안산에 자리 잡았다. 일자리가 생기자 전국에서 사람들이 모여들었고 도시는 팽창했다. 지금은 전세계 90개국이 넘는 나라에서 온 근로자가 안산에서 일한다.

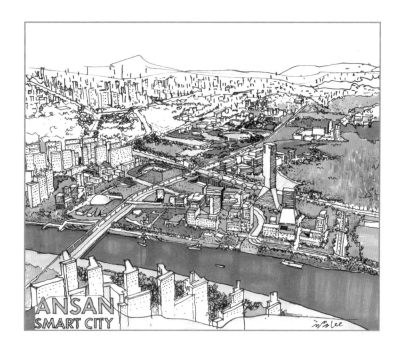

이런 배경 때문에 지역 텃세도 없으며, 다양한 사람들이 어우러지면서도 독창성은 유지하는 분위기가 퍼져 있다. 또한 안산은 천년이 넘는 역사 도시이며, 단원 김홍도를 배출한 예술의 고장이기도 하다. 서울예술대학 본교와 실력이 뛰어난 합창단과 국악단도 있다. 이미 자유롭고 새로운 문화를 이끌어 낼 수 있는 여건이 갖춰진 셈이다.

아주 넓은 편은 아니지만 이 밸리에는 11,000여 개에 이르는 기업이 있으며, 이 가운데에는 세계적으로 수준 높은 기술을 지닌 기업도 많다. 그리고 생산기술연구원, 전기연구원, 엘지 이노텍 등 여러 기업 연구소도 모여 있고, 공대로 유명한 한양대학교 ERICA(Education Research Industry Cluster at Ansan) 캠퍼스도 있다. 안산에서는 이곳을 '안산 사이언스밸리'라고 부른다. 물론 현재 밸리 규모가 아주 넓지는 않지만 창업할 수 있는 최적의 위치라고 본다. 만약 이 면적이 좁다면 주변 간척지와 대부도까지 밸리를 넓힐 수도 있다.

우리나라에는 이미 광교 스마트시티나 가산 디지털단지처럼 밸리가 조성된 곳도 있지만 안산은 그런 곳과 차별되는 점이 분명히 있다. 대기업 중심이 아니라 스타트업, 중소기업을 중심으로 출발하는 밸리라는 점이다. 앞서 언급한 특성과 이런 차이점을 잘 살린다면 안산을 과학 기술 거점 지역으로 만들 수 있으리라 본다.

바닷가 예술 도시

카멜

카멜은 영화배우 크린트 이스트우드가 시장이 된 곳으로 유명하다. 몬터레이 카운티에 속한 해양 휴양지로, 1902년 카멜바이더씨(Carmel-by-the-Sea)라는 이름으로 건설되었다가 1916년에 주로 합병되었다. 인구는 4,000여 명밖에 되지 않지만 여름철이 되면 몰려든 사람들로 발디딜 곳이 없을 정도다.

카멜은 자연경관이 아름답고 예술적 역사가 긴 곳으로도 널리 알려졌다. 초기에는 시의회를 예술가들이 운영하기도 했다. 1910년 〈샌프란시스코 콜〉 신문은 전면을 카멜에 헌정하며 "카멜의 집 60%는 미학적 예술 작업에 평생을 바친 시민들이 지었다"라고 보도하기도 했다.

많은 호텔과 식당, 소매점에서 손님이 개를 데리고 들어오는 것을 허용하는 반려견 친화 도시로도 유명하고, 불규칙하게 포장된 인도 때문에 사고가 발생하는 일을 막고자 허가 없이 하이힐을 신지 못하게 하는 특이한 법이 있는 도시로도 유명하다.

카멜은 아기자기한 작은 상점들이 결집된 도시 같다. 상점 가운데에는
지역 예술가의 전시장이나 스튜디오, 아틀리에도 있다.

카멜의 모든 거리는 관광객을 위해 준비된 듯하다. 바닷가 마을다운 색상이나 건물로 아름답게 꾸며진 거리, 개성을 갖춘 다양한 가게가 찾아온 사람들의 눈과 마음을 즐겁게 한다. 카멜 거리에서는 획일적인 모습을 볼 수 없는데도 모든 요소가 조화를 이루어서 전문 디자이너가 총괄해서 디자인한 듯한 느낌을 받을 정도다.

관광객은 낮에는 해변에서 수영이나 일광욕을 즐기다가 저녁이 되면 아기자기한 골목을 슬슬 걸어 다니면서 한가로움을 만끽한다. 작은 마을이지만 거리를 구경하는 데만도 며칠이 걸릴 만큼 가게가 많다.

큰 도로에서 골목으로 들어가면 갤러리나 찻집, 작은 가게가 무수하게 많다. 개성 넘치는 가게에서는 우리가 잘 아는 브랜드나 디자인이 식상한 상품을 찾아보기 어렵다. 예술품에 가까운 기념품이나 생활용품을 진열하기 때문에 가게 하나하나가 갤러리로 보인다.

카멜에는 몇 달간 살고 싶어 하는 사람들이 많이 찾는다. 이곳 사람들은 관광객을 맞이하는 일을 생존 방편으로서가 아니라 즐거움으로 여기는 듯하며, 그런 정서가 체류 기간을 늘리고 재방문 비율을 높이는 것 같다. 당연한 결과겠지만 카멜은 미국 서해안에서도 가장 부유한 마을에 속한다. 카멜이 본래부터 부유한 마을은 아니었고, 오래전에 예술가 몇 명이 마을을 바꾸면서 시작된 변화가 오늘의 카멜을 만들었다. 주민들은 이런 예술적 역사를 이어가는 콘셉트로 도시를 가꾸고 관광객을 늘리며 자산가치를 높이고 있다.

카멜에서는 오래된 건물도 거리를 아름답게 장식하는 요소가 된다.

골목 깊숙이 숨은 예술가의 작업실을 찾아내는 것은 이 도시를 산책하는 즐거움 가운데 하나이다.

가로수는 걷는 이들에게 그늘을 제공하고 도시를 품격 있어 보이게 한다.

기념품 가게이지만 상품 질이나 전시 방식에서 박물관 같은 인상을 준다.

아늑한 느낌을 주는 골목

잘 가꾼 여러 식물 덕분에 주변 건물이 더욱 우아해 보인다.

통일된 건물 색이 바닷가 풍경과 절묘하게 조화를 이룬다.

카멜에서 예술마을을 생각하다

국내에도 예술마을로 성공한 사례가 있다. 파주시 헤이리 문화예술마을이다. 굳이 한 곳을 더 들자면 제주도 저지리 문화예술인마을인데 아직은 진행형이다. 두 마을 모두 역사나 규모, 디테일 면에서 카멜과는 차이가 나지만, 헤이리는 국제적 인지도나 완성도에서는 비견할 만하다.

수도권에 카멜 같은 도시가 있으면 찾는 사람이 많을 수밖에 없다. 헤이리 문화예술마을이 이를 입증한다. 꼭 예술마을이 아니어도 프랑스풍인 서울 서래마을이나 남해 독일마을, 최근 아산에 생긴 지중해마을도 인기를 얻고 있다. 사람들은 이런 마을 정보를 SNS로 얻는 경우가 많기 때문에 마을을 매력 있게 꾸민다면 방문객 유치는 어렵지 않다.

무엇보다 중요한 것은 주민이 자기 지역에 있는 다양한 콘텐츠를 이해하고 그것을 활용한 즐길거리, 먹을거리, 기념품 등을 창조해 내는 일이다. 개성을 살려 정체성이 있는 마을을 만들려면 다른 도시 사례를 공부해야 한다.

부산 감천마을에서 아이디어를 얻어 올 수도 있고, 방문객 수는 헤이리 사례에서도 해답을 찾을 수 있다. 독일, 네덜란드, 덴마크를 아우르는 와덴해 섬들과 일본 나오시마를 비롯한 세토내해의 여러 섬이 개성 있는 마을 이미지를 만들어 큰 성공을 거두었다. 그 밖에도 세계 여러 곳에 긴 시간 동안 특이한 상상력으로 진화해 왔거나 어느 정도 동지애를 가진 사람들의 창의성으로 만들어진 예술마을이 많다.[12]

---

12 천우연 (2017) 『세계 예술마을로 떠나다, 잃어버린 두근거림을 찾아』, 남해의봄날, 302쪽을 참고했음.

안산 대부도는 카멜 거리처럼 만들기에는 지나치게 넓지만 근접한 말부흥 지역 같은 곳에서는 가능하리라 본다. 남서쪽 마을 끝까지 도로가 길게 나 있고 도로 양 끝에서 멀리 바다가 보인다. 이미 입구 언덕배기나 그 반대편 옛 염전 터에는 전원주택이 들어서며 마을 모습이 바뀌고 있다. 게다가 대부도에는 가장 큰 관광자원이라고 할 수 있는 유리박물관, 잘 정리된 승마장과 작은 카페도 있다.

일단 예술마을 조성 대상지가 되려면 주민들의 의지와 이를 선도하는 전문가 집단이나 열정적인 리더가 반드시 있어야 한다. 마을재생은 속도가 더디기 때문에 리더는 인내심과 봉사하는 자세를 가져야 한다. 그런 분위기가 만들어진다면 시의 적절한 지원도 가능하다.

RY STORE

바다를 자원으로
부활한 도시

몬터레이

옛날 건물을 리모델링해서 바다를 바라볼 수 있는 식당으로 만들었다.

샌프란시스코에서 로스앤젤레스로 가는 1번 국도는 세계적으로 잘 알려진 곳이다. 바닷가를 끼고 놓인 도로라 바다를 바라보며 수려한 경관을 감상할 수 있고, 크고 작은 예쁜 마을이 끊임없이 이어져 최고의 드라이브 코스로 불린다. 그래서 사람들은 샌프란시스코에서 실리콘밸리를 지나 빠르게 가는 101번 고속도로를 마다하고 이 도로를 더 많이 이용한다.

샌프란시스코에서 산호세(San Jose)를 거쳐서 얼마 가지 않으면 몬터레이 만을 끼고 있는 항구가 보인다. 이곳이 몬터레이 카운티에서 가장 큰 도시인 몬터레이 시다. 인구 30,000여 명인 작은 도시이지만 예전 스페인과 멕시코 령이었던 알타 캘리포니아의 수도이자 캘리포니아에서 과세 물품을 수입할 수 있는 유일한 항구였다. 1846년 멕시코-미국 전쟁 이후 캘리포니아는 미국 영토가 되었다.

여행객은 걷기 좋은 곳을 많이 찾는다.

관광객은 가게 간판과 디자인, 상품 진열 상태를 보고 가게에 들어갈지 말지를 결정한다.

1920년대 주요 해역에 수산물이 풍부해 어업이 발달하면서 통조림 공장 골목인 캐너리 로우(Cannery row)가 형성되었으며, 1930년대 후반까지 세계 정어리 생산 중심지였다. 존 스타인벡의 소설『통조림공장 골목』과『달콤한 목요일』덕분에 캐너리 로우의 명성은 오래 이어졌다.

이곳의 통조림 산업은 2차 세계대전 당시만 하더라도 미국을 대표하는 산업 중 하나였다. 불행히도 남획으로 정어리가 사라지고 정어리 공장도 잇따라 문을 닫게 되면서, 공장에 의존했던 지역 경제도 무너졌다. 사람들은 새로운 지역 재생사업을 추구하지 않을 수 없었고, 새롭게 눈을 돌린 것이 바로 해양관광산업이었다.

버려진 창고들이 상점과 식당으로 변모하고, 1984년 호브덴 통조림공장(Hovden Cannery)이 있던 자리에 몬터레이 만 수족관(Monterey Bay Aquarium)이 들어서면서 관광객이 크게 늘어났다. 몬터레이의 해양관광 발전 전략은 아름다운 자연 덕택에 적중할 수 있었다. 또한 수중생태계의 근간이라 할 수 있는 길이 10미터가 넘는 거대한 해조류 숲(kelp)이 보전된 것도 성공 이유 중 하나다.

몬터레이 만 수족관은 유명 컴퓨터 업체인 휴렛팩커드가 통조림공장을 리모델링해서 만든 것으로, 세계에서 교육적으로 가장 우수한 수족관으로 꼽힌다. 본디 수족관은 전시 기능만 있는 곳이 아니고 연구, 보전, 교육 기능을 갖기에 사람들을 해양생태계에 가까이 다가갈 수 있게 한 점이 눈길을 끈다.

몬터레이 만 수족관은 지역 해양생태계를 실내로 끌어왔다.
수중림을 이렇게 실내에서 볼 수 있는 일은 결코 흔치 않다.

몬터레이 지역재생은 세 가지 방향에서 접근한 것으로 보인다. 첫 번째는 몬터레이 만 일대를 보호구역으로 지정한 것이다. 미국에서 보호구역으로 지정한다는 것은 자연자산이 풍부하다는 의미이기도 하지만, 자연 체험 관광에 적합한 곳이라는 뜻이기도 하다. 두 번째는 수족관을 만든 것이다. 수족관은 매력적인 볼거리로, 지역에 찾아온 사람들을 오래 머물게 하며 연계산업을 발전시키는 역할을 한다. 세 번째는 요트항을 만든 것으로, 주로 고소득층이 이용하기 때문에 그들이 머물 펜션이나 상점을 만들어 관광 수입을 늘렸다. 이렇게 자연경관에 수족관과 요트를 더해 관광 틀을 '해양'이라는 주제로 만들어 특성화한 것이다. 여기에 스쿠버 다이빙과 카약 같은 해양 스포츠와 수려한 경관을 맞닿게 해 관광산업을 한층 발전시키고 있다.

몬터레이 상가 중심지에서 몬터레이 만 수족관 쪽으로 향한 직선 도로인 캐너리 로우는 다양한 식당과 기념품점으로 가득 찬 관광 특화 거리이다. 이 거리에서 시작한 발전과 함께 지역사회가 번성하고 자산 가치도 크게 올랐으며, 미국 서해안의 주요 관광 거점 중 하나로 발돋움했다. 어항을 관광항으로 변화시킨 몬터레이 사례는 주변 여러 도시에도 영향을 미치고 있다.

정어리 어업으로 번성했던 시절을 돌아볼 수 있는 시설도 좋은 관광거리이다.

몬터레이 만 수족관은 해양생태계의 경이로움을 다양한 방식으로 보여 준다.

현대 수족관은 물고기 떼의 움직임이나 상어처럼 인기 있는
어류의 색깔도 수족관 디자인 요소로 활용한다.

예전 부두의 흔적을 엿볼 수 있는 해안 구조물을 그대로 두니 바닷새들이 휴식지로 활용한다.
도시재생이 새롭게 개발만 하는 것이 아님을 잘 보여 주는 사례다.

자연을 매개로 하는 관광지는 자연을 잘 지키는 일을 1순위로 삼아야 한다.

몬터레이에서 해양관광도시를 생각한다

요트는 바다를 즐기는 사람들이 마지막에 이르는 스포츠로 여겨진다. 거친 바다를 항해하며 즐기고, 대자연을 탐험하면서 도전 정신과 강인함을 키울 수 있다. 그러나 유지비와 시설 설치비용이 크기 때문에 요트 스포츠를 대중화하기는 쉽지 않다.

그래도 요트항으로 적합한 곳이 있고, 요트를 타고자 하는 사람들이 머물고 즐길 공간이 마련된다면 지역을 발전시키는 데는 도움이 된다. 요트는 바다에 대한 이해가 깊고 바다를 무척 사랑하는 사람들이 선택하는 스포츠라 큰 자연 자원 훼손 없이 관광 수입을 높일 수 있다.

그런 이유에서인지 미국 서해안 대부분 도시나 마을에는 요트항이 있다. 많은 요트 애호가가 서해안에 별장을 두거나 호텔을 이용하면서 요트를 즐기기 때문에 지역 발전에 크게 기여한다. 한국에서도 요트가 이런 역할을 할지는 확신할 수 없지만 중국에서는 요트 산업이 크게 발전하면서 요트항이 속속 들어서고, 일본은 이미 요트 시대가 활짝 열린 상태여서 일본과 중국 사이에 있는 한국도 좋은 기회를 맞았다고 볼 수 있다. 즉 일본과 중국의 요트가 한국을 방문할 수 있는 길을 열어 놓을 필요가 있으며, 특히 수도권에 마련된다면 더욱 매력적이리라. 그러나 수도권 바다는 밀물과 썰물의 차가 최대 9미터 이상이어서 항시 일정한 수심을 유지하는 곳이 거의 없다. 현재 경기도 요트항이라 할 수 있는 전곡항도 얕은 수심과 퇴적물 때문에 고심하고 있다. 전곡항과 마주한 탄도항에도 많은 요트가 정박해 있지만 상황은 전곡항과 비슷하다.

그래서 항상 일정 수심 이상이 유지되는 안산 시화방조제 방아머리 쪽이 수도권 요트항 최적지로 주목받는다. 안산시와 해양수산부는 방아머리를 국가 거점 요트항으로 만들 계획을 수립하고 있다.

큰 틀에서 몬터레이 만의 세 가지 전략과 안산의 상황을 대입시켜 보면, 첫 번째 몬터레이 만 수족관과 같은 유인시설이 있는가다. 현재로서는 탄도의 어촌민속박물관 정도지만 방아머리에 해양안전체험관이 생기고, 선감도에 경기도와 안산시가 함께 추진하는 리조트와 수족관이 들어선다면 어느 정도 유인시설 역할을 하리라 본다.

두 번째, 해양레저스포츠 측면에서 보면 대부도 동쪽 마산수로 지역은 카약이나 카누를 타기에 적합한 장소가 될 수 있으며, 시화호 안쪽은 요트 초보자 연습장으로 활용할 수 있다. 마지막으로 보호지역 측면에서 보자면 간척 과정에서 만들어진 호수인 대송습지를 주목한다. 대송습지는 전국에서 철새가 가장 많이 찾는 철새도래지 가운데 하나여서 환경부가 지정한 경기도 첫 생태관광지역이다.

이런 여러 가지 여건은 중앙일보사가 대한민국 해양관광도시 브랜드 대상으로 안산시를 선정하고, 문화관광부가 2019년 올해의 관광도시로 미리 안산시를 선정하는 데 영향을 끼쳤으리라 본다. 몬터레이의 전략을 잘 살펴 세심하게 계획해 대부도 일대가 종합적인 해양레저스포츠 공간이 되길 바란다.

로
스
앤
젤
레
스

주변

최고의 요트항과
축제가 넘치는 곳

산타바바라

산타바바라는 로스앤젤레스에서 북쪽으로 140 여 킬로미터 떨어진 도시로 가파른 산타이네 즈 산맥(Santa Ynez Mountains)을 등지고 앞으로 는 태평양과 맞닿아 있다. 인구는 10만 여 명 이며 지중해 기후와 비슷해 미국의 리비에라 (Riviera)로 불리는 휴양지다. 그러면서도 산타 바바라 캘리포니아 주립대학교를 비롯해 3개 대학이 있어 교육 도시로도 알려졌다.

미국 서해안에도 한때 가난한 마을이 즐비했 으며, 산타바바라도 마찬가지였다. 수산 자원 이 풍부했지만 해안 모래밭이 길게 펼쳐져 있 어서 수산업 규모를 키우기가 어려웠다. 그래 서 관광산업에 집중할 수밖에 없었으며, 핵심 은 요트였다. 산타바바라 거의 모든 포구에 요 트가 정박하고, 요트항 배후에는 멋진 리조트 가 들어서 있다. 스키를 타러 갈 때 주변 리조 트에 머무는 것처럼 요트를 즐기러 오는 사람 들도 요트항 인근 리조트에 머문다. 도심에는 관광객을 위한 쇼핑 공간과 즐길거리가 있어 방문객의 소비를 유도한다.

멀리 보이는 항은 요트와 어선의 겸용 항이다. 그래서인지 진입 보행도로 양쪽에는
해양관광객을 위한 작은 스포츠센터나 간이 식당 등이 있다.

산타바바라에서는 요트, 스쿠버다이빙용 보트, 어선을 함께 볼 수 있다.

스쿠버다이버 전용 장비점. 다이빙 안내와 간단한 훈련 프로그램을 진행한다.

긴 모래 해안은 산타바바라의 소중한 자연자산이다.

사구 복원사업이 이루어지는 모래 해안

요트항은 요트 관리와 수리, 해역 안내 등 다양한 일자리를 창출하고
해양 레포츠 같은 관광산업에도 큰 영향을 미친다.

그렇다고 산타바바라가 요트 하나로만 성공한 것은 아니다. 좋은 날씨, 예스러운 건축물, 다양한 축제가 있어 1년 내내 볼거리가 많다. 매년 8월에 열리는 피에스타 페스티벌, 10월 두 번째 토요일에 열리는 하버 앤 시푸드 페스티벌(Habour and Seafood Festival) 등 인기 높은 축제가 많으며, 산타바바라 국제 영화제도 유명하다. 그래서 카멜이 전체적으로 편안하고 여유로운 분위기라면 산타바바라는 조금 더 발랄하다.

하버 앤 시푸드 페스티벌의 원조는 수십 년 전 1,100척이 넘는 어선이 정박하던 시절 봄에 펼쳐졌던 '함대의 축복'이라는 어부 축제였다. 축제 날에는 농어, 황새치, 성게, 상어, 게, 바닷가재를 실어 나르는 트럭이 부두를 가득 메웠고, 꽃과 깃발로 치장한 어선들이 행렬을 선보였다. 그러나 경기가 나빠지며 이런 전통은 약해졌고, 모금 행사로 명맥을 유지했다. 그러다가 2002년 현실에 맞게끔 세밀하게 기획해 10월에 열리는 행사로 바꿔 전통을 다시 살렸다.

지금은 축제가 열리는 10월이면 신선한 바닷가재와 다랑어 바비큐 같은 해산물을 즐기려고 관광객 수천 명이 모여든다. 이 행사에는 어부 100여 명이 참가하며 매년 3,000만 달러 이상 경제 효과를 내고 있다. 산타바바라의 연간 관광 수입은 10억 달러가 넘는다. 최근에는 사구식물도 복원하고 있다. 산타바바라도 몬터레이처럼 보호지역을 강조해 자연환경이 좋은 곳이라는 이미지를 강화하는 것으로 보인다.

스페인풍 건축물도 산타바바라로 사람들을 끌어모으는 관광 요소 가운데 하나다.

산타바바라에서 요트항이 있는
도시를 생각하다

수도권 바닷가 어느 지역이건 국가 거점 요트항으로 건설되면 앞으로 요트를 즐기는 사람들이 즐겨 찾을 것으로 보인다. 따라서 요트 정박 및 정비 시설과 함께 요트를 타러 온 사람들이 즐길 만한 프로그램과 상품, 리조트를 마련해야 한다. 리조트는 요트항과 가까울수록 좋겠지만 조금 떨어진 곳에 마을 형태로 조성해도 좋을 듯하다. 지역 수산물이나 농산물 축제, 재즈 페스티벌 같은 독특한 음악제가 정기적으로 열릴 만한 여건을 갖춘 곳이면 더 좋을 것이다.

산타바바라는 요트가 정박할 수 있는 공간과 그 배후에 다양한 숙박, 휴게, 놀이 시설을 배치해 자기가 사는 동네에서 요트를 즐기는 것 같은 편안함을 제공한다. 또

한 해양보호구역을 지정하고 가꿔 좋은 바다라는 점, 또 보호할 만한 가치가 있는 환경이라는 점, 관광할 가치가 매우 높은 자연이라는 것을 강조한다. 보호구역을 단순히 자연이나 생태계를 보전하려는 수단으로만 보는 것이 아니라 지속가능한 생태관광지로 만들어 지역 경제 활성화와 생태계 보전을 동시에 달성하는 수단으로 활용한다.

산타바바라처럼 편하게 지낼 수 있는 배후시설을 만드는 것은 결코 쉬운 일이 아니다. 주민이 자기 지역의 미래를 상상하면서 밑그림을 그리고, 시에서도 관련 정책을 일관되게 추진해야 한다.

지속가능한 도시가 제공하는
최상의 서비스

로스앤젤레스
버스 시스템

로스앤젤레스 버스는 메트로 버스(Metro Bus)라고 하며, 메트로라고 부르는 로스앤젤레스 카운티 교통국(Los Angeles County Metropolitan Transportation Authority)에서 운영한다. 메트로는 남부 캘리포니아 고속 교통기관과 로스앤젤레스 카운티 교통기관이 합병하며 1993년에 만들어진 대중교통 운영 기관으로 관내 버스와 철도를 직접 관리한다.

메트로는 색상으로 대별되는 두 가지 버스를 운영한다. 오렌지색으로 '캘리포니아 양귀비'라 불리는 지역 버스는 주요 도로를 주행하고 자주 정차한다. 189개 버스 노선에 18,500개 정류장이 있다. 일부 노선은 민간에서 운영한다. 빨간색은 급행 버스로 '빨강 특급'이라 불린다. 이 버스는 카운티의 주요 간선도로를 따라 주행하며 정거장 수가 적다. 메트로는 이 두 버스를 운영하며 승객의 출퇴근 시간을 최대 25% 줄였다. 그 방법 중 하나가 버스마다 서지 않는 정거장을 정해서 운행 시간을 줄이는 것이었다.

고속버스는 '비즈니스 블루'라고 불리는 파란색이다. 그런데 로스앤젤레스 일대의 광범위한 고속도로 네트워크를 따라 주행하며 프리미엄 정류장을 운영하려 했으나 계획보다 너무 많은 정류장을 운영해 호응을 얻지 못했다. 그러면서 차츰 노선이 줄어들어 지금은 한 노선만 남았고, 중단된 노선은 일부 지역 노선이 커버한다. 그리고 은색으로 칠한 실버라인 버스도 있는데 색깔을 바꿔 시내나 간선도로를 운행하기도 한다.

다양하고 좋은 버스 색깔은 버스 종류를 쉽게 구별할 수 있도록 하고
도시 미관 개선에도 기여한다.

메트로는 1993년부터 디젤 버스를 폐기하기 시작해 2011년에는 모든 버스를 대기 오염 방지 차량으로 완전히 바꾸었다. 모든 버스가 압축천연가스(CNG)를 사용해 디젤 버스에 비해 미립자 방출을 90%, 일산화탄소를 80%, 온실 가스를 20%나 줄였다. 1993년 이래로 운행한 압축천연가스 버스는 누적 합계 4억 5,000만 마일 이상을 운행했다.

메트로는 13명으로 이루어진 이사회가 운영한다. 카운티 감독관 5명, 시장, 시장이 지명한 3명(적어도 한 명은 시의회 의원이어야 함) 그리고 다른 도시의 의회 의원 4명과 캘리포니아 주지사가 투표권이 없는 한 명을 임명한다.

또한 로스앤젤레스 카운티 여러 지역의 정치 위원으로 구성된 서비스 협의회(Service Councils)는 서비스 계획 및 시행에 관해 조언하고, 공청회를 소집하며, 메트로 버스 프로그램을 평가한 다음 메트로 이사회에 정책 권고안을 제출해 서비스 변경을 승인하고 노선을 감독한다.

메트로는 2008년부터 28개 노선을 목표로 급행 버스를 확장했으며, 아울러 버스 연결 체계를 개선하는 대규모 버스 구조 조정을 진행했다. 이 프로젝트는 1980년에 시행된 격자형 구조 기반 버스 시스템을 중심에서 방사상(herb & spoke)으로 뻗어 나가는 시스템으로 바꾸는 것이다. 2010년부터 TAP(Transit Access Pass)이라는 일종의 환승 시스템을 개발했으며, TAP스마트카드를 사용하면 버스와 철도

'캘리포니아 양귀비'는 로스앤젤레스 시내에서 가장 자주 볼 수 있는 버스로,
대중교통 이용도가 높은 로스앤젤레스 시민의 발이라고 할 수 있다.

승객이 탑승구에서 시간을 절약할 수 있다. 이 운임제도는 결국 로스앤젤레스 카운티의 11개 교통기관에서 매월 1회 구매해 모든 교통기관 간 교차 사용이 가능했던 EZ패스를 대체하고 있다.

급행 버스와 구석구석 달리는 일반 버스를 운행하고, 버스 색깔을 달리해 멀리서도 종류를 구별하도록 한 로스앤젤레스의 버스 시스템은 기본적으로 브라질 꾸리치바 시에서 차용한 것으로 보인다. 꾸리치바는 어마어마한 지하철 건설비용을 들이지 않으면서도 지하철 효과를 볼 수 있는 버스 시스템을 고안해 냈다.[13]

이와 같은 로스앤젤레스의 버스 시스템은 서민들에게 혜택을 주려는 것이다. 버스 시스템을 바꾸며 요금 체계도 조정해 외곽의 서민들도 저렴하면서 빠른 속도로 도심에 접근할 수 있도록 했다. 대개 서민들은 도시 중심부보다는 외곽에 살게 되고, 같은 일을 할 때 시간과 경비가 더 드는 현상이 발생한다. 혜택이 필요한 쪽은 외곽에 사는 서민인데, 교통체계는 도시 중심부에 집중된 것이 문제였다.

로스앤젤레스나 꾸리치바와 같은 교통체계를 세계 많은 도시가 따르려고 한다. 서울의 버스중앙차선제도 기본적으로는 꾸리치바의 교통체계에서 가져왔다.

---

13 박용남 (2005) 『꿈의 도시 꾸리치바, 재미와 장난이 만든 생태도시 이야기』(개정증보판), 녹색평론사. 51~81쪽에서 자세한 내용을 확인할 수 있음.

로스앤젤레스 버스 특징 중 하나는 버스 전면에 자전거를 실을 수 있다는 점이다.

로스앤젤레스와 인근 지역을 연결하는 복잡한 도로망.
로스앤젤레스에 좋은 버스 시스템이 생긴 이유가 아닐까?

로스앤젤레스에서 버스 공영제를 생각하다

경기도 여러 도시는 외곽이 넓고 도심에서 멀리 떨어진 곳이 많다. 특히 안산 대부도 같은 연륙 도서지역과 경기 동북부 산간지역이 대중교통 혜택을 충분히 받지 못한다. 이런 상황을 극복하고 개선하려면 버스를 공영제나 준공영제로 운영해야 하는데, 예산 문제로 지지부진하다.

경기도처럼 복잡한 지역과 서울 같은 대단위 광역시의 교통을 함께 고려해야 하므로 로스앤젤레스 같은 버스 시스템을 만들어 내기는 쉽지 않다. 한 노선이 여러 도시에 걸쳐 운행되는 경우가 많기 때문이다. 그래서 광역 교통체계로 병합하는 특별한 논의가 필요하며, 성과를 거두려면 적어도 준공영제를 도입해야 한다.

경기도에는 대중교통 혜택을 전혀 못 받는 일부 지역에 완전 공영제를 실시하는 실험도 필요하다. 준공영제는 공공 혜택을 확대하고 운수근로자의 처우를 개선하면서 버스 운영에 투자한 민간사업자의 권익도 보호하는 장점이 있지만 모든 상황에 대응할 수 없는 한계도 분명히 있기 때문이다.

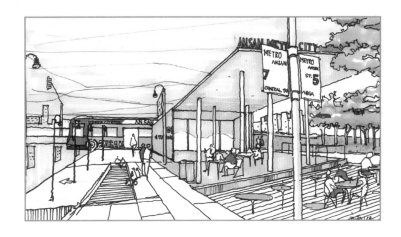

현재 경기도 여러 도시가 버스회사와 협의해 대중교통 사각지대 문제를 부분적으로 풀어 나간다. 그러나 지자체에서 손실을 보전해 주어야 하므로 무한정 확대하기는 어렵다. 또한 이에 대한 대안으로 택시를 투입하고 버스와의 차액을 지불해 주는 방법, 마을버스를 투입하는 방법을 추진하지만 역시 궁극적인 대안은 아니다.

그러므로 택시도 대중교통으로 인정하고 버스와 연동하는(경우에 따라서는 자전거도 포함하는) 공영제와 준공영제를 검토해야 한다. 아울러 버스 색깔별로 서비스 종류를 파악하는 운영체계와 노인, 어린이, 장애인 등 교통약자를 배려하는 시스템도 도입하면 좋겠다. 꾸리치바와 로스앤젤레스 사례를 살펴 좋은 방안을 찾는 일에 머리를 맞대길 기대한다. 아울러 서민과 교통약자를 배려하는 대중교통체제를 만들면 도로와 주차장 문제도 해결할 수 있으리라 본다.

지역 주민의 노력과
자산가의 기부가 살려 낸 곳

볼사치카 습지

볼사치카는 헌팅턴(Huntington)이라는 도시 주변에 있는 석호와 모래 언덕을 말한다. 캘리포니아 주가 연안습지에 서식하는 멸종위기 동식물을 보호하고자 지정한 자연보호지역으로, 볼사치카 저지대(Bolsa Chica Lowlands), 볼사치카 습지대(Bolsa Chica Wetlands), 볼사치카 야생동물보호구(Bolsa Chica Wildlife Refuge)라고도 불린다. 스페인어 Bolsa Chica는 작은 가방이라는 뜻이다.

볼사치카가 주목받는 이유는 주민의 반대로 개발을 막고, 소중한 자연환경을 보호하며 공존하는 길을 선택했기 때문이다. 이 습지는 헌팅턴 비치와 길 하나를 사이에 두고 있다. 헌팅턴 비치는 요트 리조트가 있고 해양 스포츠를 즐기기에도 적합해 많은 사람이 찾는 곳이다. 그러니 이런 곳을 개발해 관광 수입을 늘리려는 욕구가 생길 만하다. 이전에 토지 소유주는 개발업자와 함께 이곳에 요트항을 건설하려고 했다. 그런데 지역 주민과 환경단체가 크게 반대했고, 결국 토지 소유주가 이곳을 기부하면서 보호지역으로 지정하고 철새를 위한 습지로 보전할 수 있었다.[14]

---

14 볼사치카 습지는 1899년 오리사냥 클럽이 오리를 많이 잡고자 이 지역을 사들여 둑으로 막은 곳임. 1920년부터 석유를 채취하면서 생태계가 파괴되었으며 한때 캘리포니아 주에서 두 번째로 큰 유전지대였음. '볼사치카의 친구들'이 조직한 생태관광이 큰 호응을 얻게 되자, 1973년 석유회사인 시그널은 습지 보존을 위해 3만 평을 주정부에 기증했음. 1997년엔 주정부가 나머지 100여 만 평을 2,500만 달러에 구입하면서 보호구역으로 지정했음. 볼사치카 습지 복원사업은 해안습지 90%가 개발된 캘리포니아 주의 최대 환경복원사업으로 부상했음.

볼사치카 습지에는 자연 보전을 알리는 안내판이 많다.
이런 안내판 디자인도 눈여겨봐야 한다.

보전되는 습지는 전체 습지의 일부이고,
이미 요트항과 주변 리조트로 개발된 습지도 있다.

볼사치카 습지는 석호 일종으로 해수와 담수가 만나는 곳이다.
멀리 보이는 전망대 너머가 바다이다.

볼사치카 습지 보호 사업은 비영리단체인 '볼사치카의 친구들'이 맡고 있다. 2006년 이 단체는 바닷물 유입을 막아 생태계에 악영향을 미치던 보를 철거하고 목재 다리를 설치해 석호 습지 기능을 회복시켰으며, 다양한 홍보물을 제작하고 잡지를 발행하며 방문객의 인식을 증진시키고 있다.

볼사치카 습지는 남극과 북극을 오가는 철새 이동 경로의 중간기착지다. 담수와 해수가 만나고 사구가 발달한 곳에 생기는 석호는 먹잇감이 많고 수심이 얕기 때문에 걷거나 헤엄치거나 다이빙해서 먹이를 찾는 새에게 이상적인 휴식처이자 서식지다. 또 석호는 바다에 비해서 수위나 환경 변화가 적어 안정적이기 때문에 전 세계 어디서든 철새 서식지로서 큰 역할을 한다.

볼카치카 습지에 많은 철새가 찾아오는 만큼 철새를 찍으려는 사진작가나 새 전문가도 많이 방문한다. 그리고 관광객은 석호 주변을 산책하며 새와 물속 생물을 관찰한다. 물이 얕아 기수에 사는 가오리나 여러 종류 수초가 훤히 보인다. 말 그대로 생태관광지여서 생태계보호조치에 따른 제한 규정이 있다. 먼바다의 지정된 구역에서만 낚시가 허용되고 애완견은 차 안에 있을 경우를 제외하고는 출입을 금지한다.

볼사치카 습지는 철새의 중간기착지로 이를 관찰하려는 탐조객이 국내외에서 많이 찾는다.

습지 주변 오솔길은 산책하기에 참 좋은 길이다.

볼사치카 습지 방문객센터는 소박하다. 습지 가까이에 위치하며
지역의 생태관광 활동에 크게 기여한다.

근처에 민간이 운영하는 환경교육센터 겸 방문객센터[15]가 있다. 볼
사치카 습지의 역사나 규모, 살고 있는 생물 등을 알리고, 교육 프
로그램을 운영하며, 티셔츠와 머그 같은 기념품과 책도 판매한다.
연간 30,000여 명이 이곳을 방문한다.

---

15 센터는 매일 오전 9시부터 오후 4시까지 개관함. 주말에는 지역의 세 단체 볼사치카의 친구들
(the Amigos de Bolsa Chica), 볼사치카 토지신탁(Bolsa Chica Land Trust), 볼사치카 환경
보전(Bolsa Chica Conservancy)이 방문객에게 무료로 관광안내 서비스를 제공함.

방문객센터 내부는 교육 자료로 가득하다. 넓지 않은 공간이지만
몇 시간을 머물더라도 지루하지 않을 만큼 볼거리가 많다.

조류 서식지로서의 습지 기능을 설명하는 안내판

볼사치카에서 대송습지를 생각하다

안산 시화호 남쪽 간척지 내, 즉 대부도 북쪽에 있는 대송습지는 시화호 간척사업 때 만들어진 인공습지다. 방조제 물막이로 갇힌 공간이지만 해수가 스며들고 비가 내리며 담수가 섞여 기수호 같은 특성이 생겼다.

대송습지는 인공습지이지만 좋은 물새 서식지이기에 반드시 지켜야 할 자연자산이다.
(사진 제공: 이종렬)

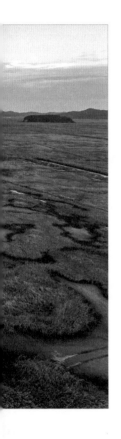

그러면서 물속에 사는 작은 생물의 서식 밀도가 높아졌고, 철새와 텃새가 많이 찾는 곳이 되었다. 먹이가 안정되고 외부와 격리되어 안전이 확보되었으므로 이는 어쩌면 당연한 결과다. 특히 천연기념물인 노랑부리저어새, 저어새, 노랑부리백로도 많이 있어 안산시는 습지보호구역으로 지정을 준비하고 있으며, 환경부는 2015년에 이곳을 생태관광지역으로 선정했다.

그런데 이 지역을 관리하는 한국농어촌공사는 대송습지를 습지보호구역으로 지정하는 데 부담을 느끼고 있다. 이곳을 찾는 철새 종류와 숫자로 봤을 때 이미 람사르습지 등록 기준에 충분히 부합하는데도 해당 기관의 소극적인 대처로 지정되지 않고 있는 것이다.

대부도 해안에서는 이미 철새 수와 종류가 많이 줄어들었다. 정확한 이유는 모르겠지만 기존에 있던 먹이가 해안에서 줄어들었기 때문으로 보인다. 이처럼 해안 텃새의 서식지나 철새 이동 경로의 중간기착지로서 대부도 해안의 기능이 약화되는 상황에서 그 기능을 대체할 곳은 대송습지뿐인데도 말이다.

한국농어촌공사가 자연과 주민을 위해 습지보호구역 지정에 동의하고, 안산시는 적절한 방문객센터를 조성해 관리해야 한다. 우리도 볼사치카에 못지않게 시민단체들이 지속적으로 습지 상황을 모니터한다. 시민과 함께 습지보호 활동과 안내 프로그램을 개발하기를 기대한다. 그러면 대송습지는 환경부가 기대하는 대로 수도권에서 주목받는 실질적인 생태관광지역이 되리라 본다.

파
이
넬
러
스

Pinellas

스펀지 어부들이 만든
관광 마을

타폰스프링스

좋은 관광지는 청결하고 잘 정돈된 느낌을 준다.

탬파베이(Tampa Bay)는 플로리다 남쪽에 있는 큰 도시로 유명 관광
지이자 야구로도 유명하다. 유럽인이 지중해 기후와 비슷하다며 정
착하기 시작했고, 큰 도시로 발전하면서 흑인과 히스패닉이 늘어나
도시가 확장되었다. 이처럼 큰 도시 외곽에는 관광산업의 보루 역
할을 하는 도시가 있기 마련인데 그중 한 곳이 타폰스프링스(Tarpon
Springs)이다.

이 마을은 그리스나 이태리에서 온 스펀지(sponge) 채취 어부들이
살면서 생긴 어촌이다. 지중해 어촌에서 해면동물인 스펀지를 채취
한 역사는 수천 년에 이른다. 로마시대부터 바다 속에서 채취한 스
펀지를 내다 팔았다고 한다.

포구 상가에서는 다양하게 생긴 스펀지를 판매한다.

스펀지를 채취하는 배라는 것을 홍보하고자 스펀지를 장식처럼 걸어 놓았다.

타폰스프링스처럼 한 가지 지역 생산물을 도시 전체의 관광 이미지로 삼아 성공한 예는 흔치 않다.

백상아리 모형을 만들어 관광객을 즐겁게 한다.

미국에서는 1880년대 처음 이 지역에서 스펀지 산업이 시작되었다. 산업은 계속 성장했으며 플로리다 키웨스트(Key West)와 바하마(Bahamas)에 살던 많은 흑인과 백인이 옮겨 와 스펀지 산업에 종사했고, 유럽에서는 그리스 사람들이 이민을 왔다. 1905년에는 그리스에서 온 다이버와 승무원을 모집해 스펀지 다이빙 기술을 소개하기도 했으며, 1953년 스펀지 산업을 묘사한 영화 〈해저 2만리(Beneath the 12-Mile Reef)〉가 이곳에서 촬영되는 등 타폰스프링스의 스펀지 사업은 널리 알려졌다.

스펀지 산업은 곧 플로리다의 주요 수산업이 되었으며 타폰스프링스에서는 가장 중요한 사업으로 연간 수백만 달러를 벌어들였다. 그런데 1947년 멕시코 만에 나타난 적조현상이 스펀지 서식지를 쓸어 버렸다. 많은 스펀지 보트와 잠수부가 생계를 위해 새우잡이를 시작했고 일부는 일을 그만두었다. 그 후 서식지가 조금씩 복구되면서 스펀지 산업도 조금씩 부활하다가 1980년대에 지중해에 스펀지 질병이 발생해 그곳 산업이 망가지자 이곳은 다시 호황을 누리게 되었다.

스펀지 산업 중심에는 채취 다이버가 있다.

유명 관광지답게 기념품 가게에는 다양한 제품이 진열되어 있다.

화랑처럼 지역 작가들 작품을 판매하는 가게도 있다.

오늘날 타폰스프링스의 스펀지 산업은 예전만 못하다. 그러나 이 마을의 역사와 특징을 살려 관광지로 만들었다. 스펀지 하나로 마을을 홍보하고, 스펀지 때문에 사람들이 찾아오게 만든 것이다. 지역 다이버가 직접 다이빙해서 스펀지를 채취하는 과정을 체험 상품으로 만들었고, 마을 곳곳에 스펀지 전시장과 판매 시설을 설치해 소득을 올리고 있다.

작은 마을인 타폰스프링스의 성공은 탬파베이 지역 전체에도 영향을 미친다. 스펀지 마을을 관광하는 데 적어도 3~4시간이 걸려 체류 시간이 길어질 수밖에 없기 때문이다. 즉 멀리서 온 관광객이 전체 지역을 하루에 다녀갈 수 없으니 주변에 머물며 소비하는 일이 많아진다.

타폰스프링스가 단순히 스펀지 채취를 체험하고 상품을 구매하는 곳이라면 이렇게 성장하지 못했을 것이다. 다이버가 스펀지를 채취하는 것을 보면서 그들의 삶을 엿보게 하고 함께 어울릴 수 있는 기회를 제공한 것이 더 중요한 성공 요인일 수 있다. 역사와 삶을 이해하며 얻은 감동이 다시 이곳을 찾게 하고 남에게 추천하게끔 하는 셈이다.

스펀지 다이버는 여행자에게 다양한 흥밋거리를 제공한다.

다이버가 실제 스펀지를 채취할 때 쓰는 잠수 장비를 착용하고 채취 모습을 재현하고 있다.

타폰스프링스에서 관광 어촌을 생각하다

경기도에 해안 도시는 적지만 작은 마을은 많다. 그런 마을들은 대개 주변 환경과 조화를 이루어 생겼기에 해안의 특성과 수산 자원에 따른 어법이 있게 마련이어서 마을 간에 문화 차이도 있다. 예를 들어 자갈이 섞인 갯바탕이라면 바지락 채취를, 펄갯벌이라면 낙지잡이를 주업으로 삼는다. 쓰는 어망 종류도 자갈이 있는 곳과 갯골이 있는 곳, 수심이 깊은 곳과 얕은 곳, 조류 세기에 따라 다르다. 어찌 보면 크지 않은 차이일 수도 있지만 그 차이가 마을에 개성을 부여한다.

경기만 해안은 과도한 개발로 어촌 기능이 크게 줄어들었고, 수산 자원이 사라지며 주업이 어업인 마을도 소수만 남았다. 그러나 아직도 어업이 어느 정도 활발한 마을이 있다면 타폰스프링스와 같은 마을로 꾸며 보는 것은 가능하지 않을까? 예를 들면 안산 선감도의 갯벌체험마을이나 습지보호구역이 있는 안산 대부도 남동 일대는 아직 갯벌이 살아있고 자연경관도 빼어나다.

선감도는 이웃 탄도에 어촌민속박물관이 있기 때문에 어촌 문화를 보고 해산물 요리를 먹는 코스를 개발하는 것도 좋다. 갤러리 같은 공간이 들어서면 더욱 좋겠다. 즉 선감도 마을과 불도에 있는 횟집촌과 정문규미술관, 탄도의 어촌민속박물관을 잘 연계하고, 불도나 탄도에서 배를 타고 체험할 수 있는 프로그램을 구성한다면 상승 효과를 노릴 수 있으리라 본다.

갯벌 체험 외에 또 다른 체험 프로그램을 추가하는 것도 좋겠다. 예컨대 배를 타고 나가서 간단한 어업을 체험한다든지, 배를 타고 한 바퀴 둘러보면서 바다 밑 생물을 관찰하는 것이 있겠다. 계절 상관없이 프로그램을 즐기는 것도 중요하니 갯벌 문화라든지 기념품을 볼 수 있는 시설도 있어야 한다.

타폰스프링스가 체험과 상품만 준비하는 데서 그치지 않고 주민의 삶을 엿볼 수 있게 해 스토리와 감동을 전해 준 것처럼 관광객이 편하게 사고, 먹고, 머물면서 지역 정서를 이해하고 동질감을 느끼도록 하는 것이 중요하다. 이런 과정은 역시 지역 주민의 자발적 의지에서 비롯해야 한다. 그래야 정부의 지원도 끌어낼 수 있다.

뉴

욕

New York

도심의 하늘 숲 길

하이라인파크

뉴욕 첼시 지역 교각 위에 나 있던 옛 철로 웨스트 사이드 라인에 생긴 생태공원을 하이라인파크(High line Park)라고 부른다. 넓이 9.14미터, 길이 2.33킬로미터에 이르는 긴 공원으로 도심 속 오아시스 역할을 한다.

이 사업을 주도한 경관 건축회사의 디자인 팀은 경관 건축, 도시 설계, 생태학 등 여러 분야에서 아이디어를 가져와 기존 시설을 '살아 있는 시스템'으로 재구성했다. 또한 1993년에 완성된 파리의 유사한

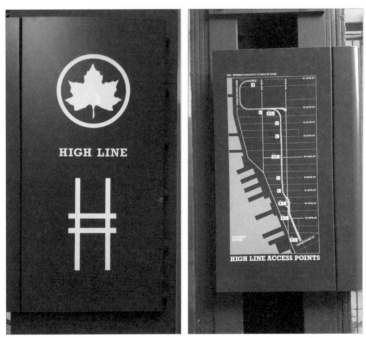

하이라인파크로 오르는 계단에 있는 안내판. 왼쪽 사진의 나뭇잎 무늬는 시 공원관리소를 상징하고, 오른쪽 사진에 있는 격자 무늬는 하이라인파크를 나타낸다.

사업인 3마일 프롬나드(Promenade, 산책로)에서 영감을 얻어 공중 그린웨이 및 레일즈 투 트레일 공원(Aerial Greenway and Rails-to-Trails Park)으로 만들었다. 그 결과 이곳은 현대 건축 조경의 아이콘이 되었다.

철로를 공원으로 바꾸는 작업은 2009년 용도 변경으로 시작되었고, 2011년에 착공해 2014년 9월 21일 1단계 완성 구간을 개방했다. 일부 개방하지 않은 지역은 허드슨 야드 재개발사업이 끝날 때 함께 개방할 예정이다.

하이라인파크 조성에는 1999년 지역 주민 조슈아 데이비드(Joshua David)와 로버트 하몬드(Robert Hammond)가 창립한 프렌즈 오브 하이라인(Friends of High Line)이란 단체의 역할이 컸다. 이 단체는 공원 조성에 대한 시민의 지지를 이끌어 내고, 2002년 공공 트레일을 만들고자 서피스 운송위원회(Surface Transportation Board)와 함께 시에 청원서를 제출해 지원을 설득했으며, 2004년 뉴욕 시와 함께 사업을 이끌 디자인 팀을 결정했다. 또한 뉴욕 시 공원관리소(the New York City Department of Parks and Recreation)와 라이선스 계약을 맺었다. 프렌즈 오브 하이라인은 연간 5,000만 달러 이상의 예산으로 공원을 운영하며, 이 가운데 90% 이상을 민간 기부금으로 모금한다. 상근 직원이 80명이고, 뉴욕 시의 많은 사업가와 자선가로 구성된 상임위원이 38명 있다.

하이라인파크 길은 걷기에는 제법 길다. 그래도 재미있는 요소가 많아 잘 계산된 기획 작품이라는 걸 짐작할 수 있다. 주변에 나무를 많이 심기는 했지만 숲이라기보다 풀밭 속 산책길을 지나는 느낌이다. 길 곳곳의 높낮이를 달리하고 작은 계단식 광장과 화단을 만들어 단조로움을 피했다. 어떤 곳에는 나체 조각 작품도 있어서 멀리서 보면 발가벗은 사람이 뛰어오는 듯하다. 하이라인 중간에는 한 사람이 누울 수 있을 정도로 긴 나무 벤치가 줄지어 있다. 이곳에 누워 하늘을 본다면 도심에 들어온 작은 자연이 얼마나 소중한가를 느낄 수 있을 것 같다.

공중 철로를 공원으로 만든 효과는 컸다. 첼시마켓과 조화를 이루는 공원이 생기면서 침체되었던 첼시에 활기를 불어넣었고, 지역 부동산 개발을 촉진했다. 낡은 건물을 리모델링하자 기업들이 입주하고, 화랑이나 상점이 빠르게 늘고 있으며, 구글 같은 글로벌 회사도 모이기 시작했다. 하이라인 1단계 구간 근처에 있는 아파트는 동쪽으로 두 블록 떨어진 곳의 아파트보다 두 배나 비싸다. 공원의 후광 효과로 공원 주변 부동산 가치와 가격이 지속적으로 오르고 있다. 사람들은 이런 변화가 눈부실 정도라고까지 표현한다.

도로 위 철로가 있던 곳에 들어선 하이라인파크를 걸으면 건물들이 손 닿을 듯이 가깝게 다가온다.

하이라인파크가 생기지 않았다면 이런 옥상 공간도 조성되지 않았을 것이다.

도심 속에 이런 산책길이 있다면 누가 걷고 싶어 하지 않을까?

공원 곳곳에 여러 조각상이 설치되어 있다.

공중 철로를 철거하지 않고 공원을 조성한 것은 정책적 의지이자 용기라고 할 수 있다.
공원이 만드는 도시재생의 가치가 크기 때문이다.

하이라인파크는 뉴욕의 오래된 건물이 주는 차갑고 황량한 분위기를
따뜻하고 밝게 바꿔 놓았다.

하이라인파크의 성공은 여러 도시 지도자에게 영감을 주었다. 시카고 시장은 하이라인을 주변 지역 가치를 높일 촉매제로 보았으며, 필라델피아의 철도 공원(Rail Park), 애틀랜타의 벨트라인(Belt Line), 시카고의 블루밍데일 트레일(Bloomingdale Trail) 등 여러 도시가 철도 시설 개조 계획을 세웠다. 그뿐 아니라 전 세계 여러 도시에서도 이것을 하이라인 효과(High Line effect)라 부르며 고가 레일 공원을 계획하고 있다. 하이라인은 첼시마켓과 함께 유명 관광지로 자리 잡았고, 특히 도시를 재생하려는 많은 나라의 전문가와 공직자가 꼭 찾는 장소이기도 하다. 도시의 오래된 철로나 기능을 다한 공장을 재생한 것이기 때문에 전 세계 어느 도시라도 차용하기 좋은 아이디어다.

그렇다고 모든 면에서 완벽한 것은 아니다. 부정적인 영향도 있어서 비판의 목소리도 적지 않다. 임대료 상승으로 가게 문을 닫는 경우도 있고, 인근 다른 지역의 상점은 고객을 빼앗겨 영업에 어려움을 겪기도 한다. 또한 공원 방문객 대다수가 다른 지역에서 온 관광객이라는 점도 불만을 산다. 관광객은 압도적으로 백인이 많은 반면, 첼시 거주민은 대부분 공공 주택에 사는 소수민족이기 때문이다.

하이라인파크에서 도심 공원을 생각하다

도시가 확장되면 외곽에 있던 도로나 철도가 중심으로 들어와 도시는 분할된다. 그러면 새롭게 조성된 도시가 물리적 구조물로 막혀 원래 도심과 원활하게 소통할 수 없다. 이런 경우 역을 크게 확대해 두 지역을 연결하는 경우가 있는데, 일본의 대도시가 대부분 그렇다.

그러나 뉴욕 하이라인은 조금 다르다. 좁은 철로였기 때문에 도시를 분할했다고 보기 어렵고 마주한 두 마을을 소통하게 한 정도로 볼 수 있다. 따라서 이 독특한 사례를 도심에서 좁은 도로나 철로로 갈라진 두 마을을 연결하는 데 응용해 보면 좋을 것 같다. 즉 마을 사이에 녹지를 만들어서 쉽게 다른 쪽으로 이동할 수 있게 하는 것이다.

우리나라 도시에서는 하이라인파크와 똑같은 경우를 찾을 수 없다. 서울처럼 고가도로 철거사업을 전개할 수 없다면 어떤 방법이 있을까? 차도나 철로가 지하로 들어가고 지상을 녹지나 공원으로 연결하면 될 것 같다. 그리 한다면 보행자 도로가 크게 확대되고 문화 공간까지 마련할 수 있다. 다만 지하로 도로나 철도가 지나가게 하려면 단순히 두 마을을 연결한다는 명분만으로는 부족하다. 들인 예산만큼 도시에 이익을 줄 것인가가 중요하다.

여기에서 강조하고 싶은 것은 하이라인을 만들어 낸 엉뚱한 상상력이다. 하이라인이 가진 조경적, 예술적 디자인을 잘 살핀다면 도심에 활기를 불어넣을 수 있다. 특별한 공원이나 숲이 있다면 일자리 창출에 따른 경제적 효과가 따라온다. 양분된 두 지역의 상가 재생사업과 함께 추진한다면 분명 큰 효과가 나타날 것이다. 또한 도심을 쾌적하게 만들고 문화 이벤트도 진행할 수 있는 것도 장점이다.

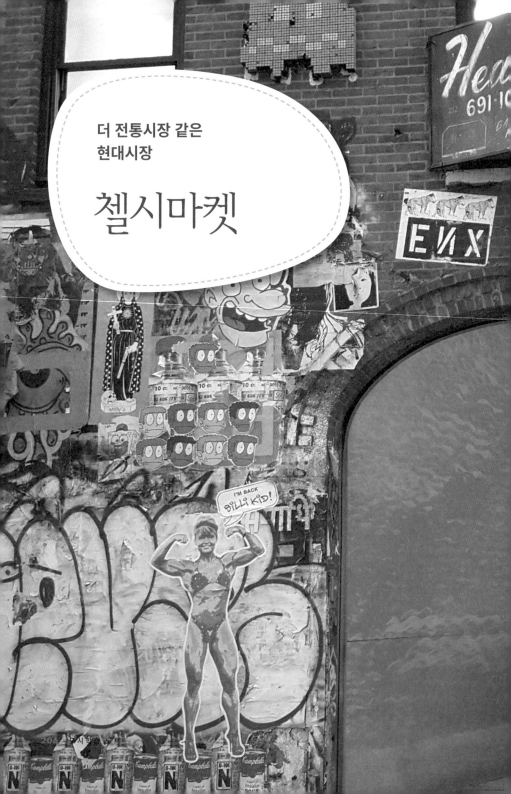

더 전통시장 같은
현대시장

첼시마켓

첼시마켓(Chelsea Market)은 오래된 시장이 아니다. 낙후한 공장을 성공적으로 리모델링해 시장으로 되살린 곳이다. 특히 하이라인파크와 어우러지면서 시너지 효과가 더욱 커졌다.

첼시마켓은 뉴욕 맨해튼 자치구 첼시 지역에 속하며, 뉴욕 주와 국립 역사 유적지가 인정한 갱스부르 마켓 역사 지구(Gansevoort Market Historic District) 안에 있다. 예전에 이곳은 오레오(Oreo) 쿠키를 발명하고 생산한 내셔널 비스킷 컴퍼니(Nabisco) 공장 단지였다.

이곳 건물에는 큰 회사와 뉴욕 케이블 스테이션 NY1 같은 방송국이 있다. 최근 구글은 자회사인 유튜브를 이곳으로 이전했으며, 다비도비취 베이커리(Davidovich Bakery)도 여기에 다비도비취 베이글을 개점했다. 푸드 네트워크는 〈아이언 쉐프 아메리카와 에머릴 라이브(Iron Chef America and Emeril Live)〉를 첼시마켓에서 촬영했다.

첼시마켓 개발자들은 입점 가게와 수산물, 채소, 과일, 육류 같은 신선한 재료를 식당에 제공하는 공급 업체와의 공생 관계를 장려했다. 이 시장을 통해 제조 및 소매 자산을 한 곳에서 해결하도록 한 것이다.

낙후한 공장을 리모델링한 첼시마켓에서 전통시장 느낌이 물씬 풍긴다.
디자인 팀에서 시장 구조뿐만 아니라 상점 배치, 품목 안배까지 고려한 덕분이리라.

다양한 수산물이 진열되어 있지만 복잡해 보이지 않는다.

밖에서도 내부가 보이게끔 한 구조 덕분에 방문객은 가게 바깥에서도
농산품 신선도를 파악할 수있다 .

첼시마켓 구석구석에서는 전통시장 분위기를 자아내는
통일된 디자인 요소를 볼 수 있다 .

첼시마켓에 들어서면 전통시장과 현대시장 분위기가 묘하게 섞여 있다는 느낌을 받는다. 호객 행위로 시끌벅적하고 정리가 안 된 듯한 전통시장 분위기를 유지하면서도 모양은 완전히 현대적으로 바꾸었다. 옛날 분위기를 그리워하면서도 전통시장의 불편함을 꺼리는 사람들을 유인하는 데 초점을 맞춰 디자인한 듯하다.

첼시마켓의 디자인 발상은 굉장히 탁월하다. 한때는 과자공장이었던 곳을 과자와 커피 등 식음료 매점과 쇼핑 장소 밀집 공간으로 만들었다. 일부 식당은 때로는 조명을 어둡게 해 은밀하거나 아늑한 공간으로 느껴지게끔 했다. 모던한 내부 인테리어와 달리 이동 통로는 밝지도 않고 약간 걷기도 불편하며 조금은 어수선했던 전통시장의 맛을 느낄 수 있다.

2015년에는 휘트니 미술관이 인근 갱스부르 거리로 옮겨 왔다. 갤러리를 비롯해 다양한 공방이 생겨 지명도가 높아지면서 이곳을 문화공간으로 인식하는 사람이 많아졌다. 이런 이미지 변화는 첼시마켓이 성공하면서 비롯한 것이다.

첼시마켓 1층에서는 작은 공방들의 제품을 판매한다. 작은 공방은 지역 일꾼을 지원하고
시장 내에 문화 분위기를 조성하는 데 기여한다.

첼시 지역에는 꽤 많은 갤러리가 있어 다양한 미술전이 연속해서 열린다.

첼시마켓에서 전통시장을 생각하다

국내 여러 도시에서는 오래전부터 전통시장 재생에 심혈을 기울여 왔다. 전통시장은 대체로 5일을 주기로 열리지만 큰 도시에서는 상시 영업한다. 전통시장은 지역 주민과 함께 진화하고 발전하는 형태를 취해 왔지만 겉으로 보기에는 큰 변화가 없는 것이 특징이다.

대형 매장이 도시에 진입하고 소비 패턴도 달라지면서 많은 전통시장이 고전을 면치 못한다. 또한 전통시장이 갖는 매력인 어수선한 분위기가 요즘 소비자와 어울리지 않을 수도 있다. 이런 저런 이유로 국내 전통시장은 어떤 형태로든 재생을 꾀하고 있다.

전주 남부시장은 문화적 요소를 더해 시장 활성화를 기대하고 있으며, 성남 중앙시장은 47년간 유지해 온 시장을 철거하고 새로운 건물을 지었다. 일부 시장은 시의 행정적 기획으로 새로 생기기도 한다. 이럴 경우 오랜 시간을 거치면서 자연스럽게 형성된 전통시장과는 다른 면을 보인다.

전통시장 재생 전략을 세우는 것은 결코 쉬운 일이 아니다. 그렇지만 첼시마켓에서 응용할 만한 요소는 꽤 많다. 첼시마켓은 본래 전통시장을 재생한 곳이 아니지만 전통시장과 흡사한 느낌을 주는 것을 볼 때 고도의 디자인 전략이 있었다는 걸 알 수 있다. 자리에 따른 득실이 없도록 상점을 잘 배치했고, 같은 업종이 없을 정도로 상점이 다양해서 방문객을 즐겁게 한다. 한 층에 지역의 소규모 가게를 대거 입주시킨 것도 독특하다.

이처럼 전통시장 재생의 키워드는 다양성과 위치에 따른 이해득실이 없는 균형 있는 디자인이 아닐까 생각한다. 초밥이나 문어 요리 같은 동양 음식을 먹을 수 있는

가 하면 빵과 스테이크를 파는 곳도 있어야 하고, 편히 쉴 수 있는 작은 카페, 주방 용품점에서 책방에 이르기까지 다양한 상점이 있으면 좋다. 그리고 어떤 위치에 입점하든 장사가 잘 되도록 설계해야 한다. 빈대떡이나 잔치국수, 저렴한 옷가게나 구두 상점, 지역에서 생산되는 채소나 생선을 파는 가게로 전통시장 분위기를 유지하는 것, 참신한 디자인과 청결한 관리로 젊은이도 오고 싶게끔 하는 것도 중요하다. 그리고 다른 시장과 비교되는 개성도 있어야 하니 쉬운 일이 아니다.

여기에 작은 규모로 생활도구를 제작, 판매하는 공방도 들이고, 문화센터를 넣어서 장보기 목적이 아니어도 들르는 사람이 많아진다면 시장에 활기를 더할 수 있다. 공원이나 큰 주차장을 끼고 있다면 더할 나위가 없다.

안산시와 성남시는 전통시장 활성화를 위해서 지역 상품권을 만들어 지원하고 있다. 이처럼 세심한 분석과 그에 따른 설계, 상인의 노력에 행정 지원이 더해지면 그 어렵다는 전통시장 재생도 성공하지 않을까?

박물관 도시 뉴욕의 자랑

현대미술관(MoMA)

뉴욕에 있는 현대미술관(Museum of Modern Art, MoMA)은 1929년, 록펠러 재단 지원으로 설립된 현대미술 전문 미술관이다. 모마 (MoMA)라고도 불리는 이곳은 근대 예술 발전과 수집 측면에서 세계에서 가장 크고 영향력 있는 현대미술박물관 중 하나이자 미국에서 가장 유명한 미술관으로 손꼽힌다. 그렇다 보니 여러 이유로 화제가 되기도 한다. 1964년에는 윌리엄 페일리(William S. Paley)가 모마에 기증한 파블로 피카소의 그림 〈말을 끄는 소년(Boy Leading a Horse)〉을 두고 모마와 구겐하임 미술관이 벌인 소유권 분쟁으로 떠들썩했고, 1969년에는 아이코닉한 반전 포스터인 〈And babies〉가 화제를 불러일으켰다.

수집품은 건축과 디자인, 그림, 조각, 사진, 예술 서적, 영화, 전자 매체 등 다양하고, 현대미술과 동시대 예술 개관을 제공한다. 도서관에는 도서 및 전시 카탈로그 약 30만 권, 정기 간행물 약 1,000여 권, 개인 예술가 및 단체 단명 자료가 40,000여 개 보관되어 있다.

모든 현대미술을 접하고 싶다면 뉴욕 현대미술관을 찾으라고 권하고 싶다.

현대미술관에 들어서면 별다른 장식과 시설이 없어 매우 단순하다는 느낌을 받는다.

미술을 좋아하는 사람들에게 현대미술관은 최고로 좋은 교육 장소이다.

모마는 1997년 무렵 재설계를 계획했다. 재설계 담당자로 국제 건축가 10명을 물리치고 일본 건축가 다니구치 요시오(Taniguchi Yoshio)가 선정되었다. 다니구치는 KPF(Kohn Pedersen Fox)와 함께 2000년대 초부터 대규모 작업을 시작했다. 재설계 비용으로 8억 5,800만 달러가 들었고, 이로써 모마의 프로그램과 전시 공간은 두 배로 늘었으며, 새로운 공간 59,000제곱미터가 생겼다.

그러나 이 혁신적인 건축물은 곧 논란을 불러일으켰다. 일부 비평가는 다니구치 디자인이 현대 건축의 훌륭한 예라고 했지만 다른 많은 사람은 공간 흐름 같은 특정 측면이 매우 불쾌하다고 느꼈다. 이런 논란을 안고서 모마는 2004년 11월에 재설계한 건물에서 다시 문을 열었다. 개폐식 유리벽과 새로운 갤러리 공간, 조각 정원을 포함해 전체가 개방되는 1층을 대중에게 무료로 공개했다. 추가 확장을 위한 새로운 건설 프로젝트는 2019년까지 완료될 예정이다.

벽을 심플한 색상으로 칠해 전시 작품이 더욱 돋보인다.

뉴욕 시 맨해튼 5번가와 6번가 사이 53로에 있는 이 특이한 현대미술관을 방문하면 두 가지 점에 놀란다. 하나는 지극히 평범하고 특색 없어 보이는 건물이라는 점이고, 다른 하나는 좁은 도로변에 있어서 정차하기도 쉽지 않은 곳에 있다는 점이다. 그래서 언뜻 미술관이 맞나 싶은 생각까지 든다. 그러나 정문에 들어서면부터는 단순한 외관이 오히려 미술관을 예술적으로 보이게 하는 장치로 다가온다. 장식을 너무 하지 않았다 싶을 정도로 단순하고 여백이 많은 느낌은 실내도 비슷하다.

미술관을 이렇게 직선 위주로 심플하게 꾸민 까닭은 무엇일까? 만약 건물이 지나치게 화려하다면 인류 공동 유산이라고 할 만한 훌륭한 작품이 오히려 두드러지지 않을 수 있다. 즉 작품을 돋보이게 하고자 고도로 계산한 결과이리라. 미술 서적을 파는 서점이나 잠깐 머물면서 간단히 식사하거나 차를 마실 수 있는 공간조차도 이런 구조다. 동선 또한 잘 배열해 놓아 2층이나 3층에 올라가도 중앙 홀에서 전시되는 비디오 아트를 다양한 각도에서 한눈에 감상할 수 있다.

이곳에서는 작품과 함께 사진을 찍을 수 있다.

유리창은 한쪽으로 넓게 배치해 자연채광이 잘 되면서도 빛이 건물 안으로 너무 깊숙이 들어오지 않도록 했다. 또 실내에서 창으로 바라보는 뉴욕 전경이나 건물도 마치 작품처럼 보이도록 한 듯하다. 미술관 내부 색은 눈을 피로하게 하지 않고, 지루하게 느끼지 않도록 하는 색으로 꾸몄다. 이런 점에서 모마는 영향력 있는 미술관인 동시에 고층 빌딩이 많은 뉴욕에서 시민을 보듬는 휴식 공간이기도 하다.

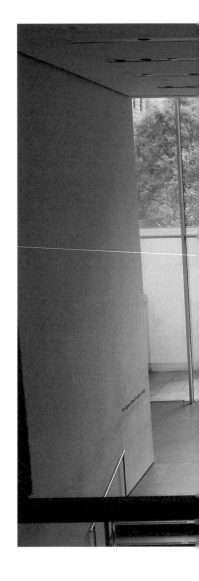

바깥을 시원하게 내다볼 수 있는 커다란 유리창

미술관 서점. 각종 미술 서적이 있어 미술을 공부하는 이들에게는 아주 좋은 학습 공간이다.

뉴욕 현대미술관은 정문도 단순하다. 이곳에서는 이런 단순함도 미술 표현 방식으로 다가온다.

모마(MoMA)에서 문화 도시를 생각하다

모든 도시는 문화 도시가 되길 원한다. 문화는 도시 품격을 높여 주고 시민의 창의성을 키워 주기 때문이다. 좋은 미술관이 하나 있다면 그 도시는 문화 도시로 발돋움할 수 있을까?

아무래도 모마(MoMA)가 있는 뉴욕은 도시가 문화 그 자체이기에 우리나라 어느 도시와 단순 비교하기는 어렵고, 우리나라에 적용할 만한 사례로는 스페인 빌바오 시의 구겐하임 미술관을 들 수 있다. 구겐하임 미술관은 오래되고 오염된 산업도시 빌바오 시가 문화 도시로 발돋움하는 데 크게 기여했다. 물론 이는 도시 전반에 걸친 재생사업, 엄청난 예산을 들여 이룬 강 수질 개선 등이 뒷받침되었기에 가능했던 일이기도 하다.[16]

우리나라에도 최근 문화 도시를 지향하는 곳이 있다. 바로 조선 최고 화가인 단원 김홍도와 현대미술작가 신승희의 고향인 안산이다. 안산에는 뛰어난 원로 작가들이 있으며, 젊은 작가도 계속 나오고 있다. 경기도미술관과 서울예술대학 본교가 있고, 지방 미술전인 단원미술제를 매년 개최하기에 문화 도시를 지향하기에 부족함이 없어 보인다.

미술관은 접근성이 좋은 곳에 들어서야 한다. 대중교통으로 가기 편하고, 시민이 많이 다니는 곳에 있으면 좋다. 예컨대 일본 가나자와에 있는 21세기 현대미술관은 시민이 가장 많이 지나는 도심에 건립했다. 이웃해서 박물관이나 공원이 있다면 금상첨화다. 또한 미술관만의 개성이 있어야 한다. 다른 도시 미술관과 차별점이 있는 것도 중요하지만 그보다는 미술계 전체에서 주목받을 만한 요소가 있어야 한다. 2016년에 개관한 수원시립 아이파크미술관은 이런 조건을 두루 갖췄다.

이런 점을 안산에 빗대어서 생각해 보면 미술관 위치로는 전철 4호선을 비롯한 4개 철도 노선이 집중되는 초지역 일대가 적지라고 생각한다. 이곳은 안산시가 추진하려고 하는 일명 '아트시티' 내부이다. 안산의 중심인 화랑유원지(화랑공원)와 가깝고 근처에 경기도미술관이 있으며, 산업박물관도 곧 들어설 예정이다. 대중교통으로 접근하기 편하며, 다른 문화시설과 상호 보완할 수 있다는 점에서 미술관이 들어서기에 아주 적절한 위치다.

한편 앞서 빌바오 시 사례에서도 언급했듯이 미술관 하나만으로는 문화 도시로까지 거듭날 수 없다. 적절한 장소에 미술관을 세우는 것은 물론 도시 전반에서 다양한 문화를 수용할 수 있는 도시재생 작업이 함께 이루어져야 한다. 또한 미술관이나 박물관에 전시한 작품을 관리·보존, 연구·교육하는 데도 힘써야 한다.

---

16 '버려진 공업도시가 관광명소로...강을 살리니 사람이 몰렸다. 경향신문(2015년 3월 2일 8면 기획특집 기사). 도전하는 도시: 3. 스페인 빌바오 도시재생의 힘.'을 참고함.

세계 도시 공원의 모델

센트럴파크

뉴욕 시 맨해튼은 한때 건물이 숲을 이루어 녹지를 밀어낸 듯이 보일 정도로 환경이 삭막한 도시였다. 맨해튼 중심부인 센트럴파크는 예전에 습지와 돌 언덕이 있고, 쓰레기가 많던 빈민가였다. 센트럴파크는 건물 위주 도시계획을 못마땅하게 여긴 여론을 바탕으로 1857년 778에이커 땅에 들어섰다. 1858년 공원 개선과 확장을 위한 공개모집에서 조경가와 건축가 두 명이 제출한 '그린스워드 플랜(Greensward Plan)'이 당선되었고, 그해 공사가 시작되었다.

습지를 호수로 바꾸고, 돌산을 깨 평탄하게 공간을 나누고, 녹지를 조성해서 경관을 아름답게 꾸몄다. 1858년 겨울, 공원 첫 번째 구역이 개방되었다. 1962년에는 미국 내무부가 미국 역사 기록물 (National Historic Landmark)로 지정했으며, 2017년 4월 유네스코 세계문화 유산의 잠정 기록물로도 등재되었다. 2013년 4,000만 명에 이를 정도로 많은 방문객이 다녀갔다. 영화 촬영도 많이 이루어지며, 다양한 새가 찾아와 조류 관찰도 활발히 이루어지는 매력적인 공원이다.

센트럴파크 안내판

센트럴파크 호수는 겨울이면 스케이트장으로 바뀐다.

도심 가운데에 자리 잡은 센트럴파크는 사시사철 시민들의 사랑을 받는다.

센트럴파크 주변은 뉴욕에서도 가장 부유한 지역으로 좋은 호텔과 매력적인 관광지가 많다.

센트럴파크는 수십 년 동안 뉴욕 시 공원관리소가 관리했으나, 현재는 정부와 공공 민간 파트너십 계약을 맺은 비영리단체인 센트럴파크 보전협회(Central Park Conservancy)에서 관리한다. 협회 회장은 직권을 가진 센트럴파크 최고 관리자이다. 협회는 비영리단체이므로 연간 예산 6,500만 달러의 75퍼센트를 기부하고, 직원의 80%가 공원 유지 보수 및 운영 등에 참여한다. 또한 개인, 기업, 재단 및 시의 도움을 받아 현재까지 9억 5,000만 달러 이상을 투자해 센트럴파크를 여러 나라에서 흉내내고 싶어 하는 도시 공원 모델로 만들었다.

센트럴파크 보전협회는 2013년, 도시 공원 관리 분야의 선두주자로, 전 세계 도시 공원을 아끼고 책임감을 키울 수 있도록 방문객 및 관리자를 위한 교육 기관인 센트럴파크 보호연구소(The Central Park Conservancy Institute)를 설립했다. 연구소는 다양한 교육 프로그램과 학습 자료로 도시 공원 관리 및 활용에 대해 교육한다. 또한 관리인, 교육자, 학생, 방문객과 함께 그동안의 경험과 전문성을 공유해 도시 공원의 앞날을 예측하고 대비하는 것이 협회의 사명이라고 생각하면서 일한다.

나무에 붙은 이름표. 잘 관리된 도시 공원은 좋은 생태 교육 장소이기도 하다.

센트럴파크는 어떤 곳에서 바라봐도 경관이 수려하다.
좋은 설계와 조경 기술을 바탕으로 조성되었음을 알 수 있다 .

뉴욕 맨해튼에는 세계에서 가장 비싼 주거시설, 상업시설, 박물관
등이 있으며, 그 가운데 위치한 센트럴파크는 사회, 경제, 문화 가
치와 함께 생태적으로 지속가능한 도시재생의 일환으로서 좋은 예
이며, 경제적 영향력도 가장 큰 공원이다.[17] 공원 조성 이전 주민들
에 대한 배려가 충분했다면 도시의 지속가능한 재생에서 비롯한 경
제적 가치의 이상적인 모델도 될 수 있었을 것이다.

---

17 Applessed (2015) 'The Central Park Effect: Assessing The Value of Value of Central
Park's Contribution to New York City's Economy.'에서 추정함.

센트럴파크에서 도시 공원을 생각하다

버려진 땅이 사람들의 관심과 사랑을 받는 공원으로 재탄생한 사례로 센트럴파크 외에도 철새 습지공원인 WWT 런던습지센터(Wildfowl & Wetland Trust London Wetland Centre)가 있다. 우리나라에서는 쓰레기매립장을 공원으로 바꾼 사례로 서울 하늘공원이 있다. 경기도와 안산시는 경기도 8개 도시의 쓰레기 매립지로 이용되던 안산시 동남쪽에 인공공원을 조성하고 있다. 시화호 상류 지역으로 농지, 갈대습지공원과 가까운 이곳에 '세계정원 경기가든'[18]이 들어설 예정이다.

이곳은 뉴욕 센트럴파크처럼 조경 공사로 조성될 인공공원으로, 안산시는 센트럴파크가 자연 그대로인 듯 재생된 상태를 유지한 채 시민의 휴식과 활동 공간으로 관리되는 점을 본받아야 한다. 이름에 걸맞게 다양한 세계 정원을 보여 주는 것은 좋으나, 너무 인공적인 모습이라면 공원 가치는 크게 떨어진다. 상업시설 같은 지나친 방문객 유인 장치는 공원의 기본 기능을 잃게 한다. 따라서 아늑하고 평화로운 숲으로서 가족과 여유롭게 산책하고 아이들이 안전하게 뛰어놀 수 있는 공간이어야 한다.

잘 가꾼 식물군락과 습지는 동물의 서식처가 되고, 도시 안에 자연의 일부가 깊숙이 들어와 생태계 서비스가 좋고 가치 있는 곳으로 발전하게 된다. 미국에서는 2013년 기준 1,169개 지방 공원은 약 140조 원의 가치가 있고 100만 개에 가까운 일자리를 창출한다고 한다.[19]

'세계정원 경기가든'이 들어설 곳은 갈대습지공원, 논, 하천 지류, 작은 습지와 연결된 생태 거점으로 생태적 의미는 실제 면적보다 훨씬 크다. 안산의 센트럴파크까지는 아니더라도 경기도 서부에서 지속가능한 공원으로 자리 잡아 주변 개발 예정 지역과 자연이 접하는 '완충지역(buffer zone)'으로서 역할을 기대한다. 또

한 홍콩습지공원(Hong Kong Wetland Park)처럼 도심에 있으면서도 생태관광, 환경교육 등 전문가가 관리하는 좋은 휴식 장소가 되어 시민들의 사랑을 듬뿍 받으면 좋겠다.

---

18 경기도는 안산시와 협의 하에 안산시화쓰레기매립지를 세계 각국의 정원으로 개발하는 계획을 수립하고 현재 용역을 의뢰했음. 해당 지역은 45만 제곱미터이나, 인근 안산갈대습지공원과 화성비봉습지공원까지 합치면 111만 제곱미터 넓이다. 세계 5대륙과 한국의 특성을 반영한 메인 정원과 광장, 전망대, 환경교육시설, 체육시설, 숲 속 놀이터 등을 조성해 관광과 체험, 놀이를 함께할 수 있도록 만들 계획임.

19 NRPA(National Recreation and Park Association) (2013) 'The Economic Impact of Local Parks: An Examination of the Economic Impacts of Operations and Capital Spending on the United States Economy.'에서 인용함.